Christine Neidhardt
Materialien und Kopiervorlagen
zur Klassenlektüre

AF708011

Rudyard Kipling

Das Dschungelbuch

Neu erzählt von Manfred Mai

Hase und Igel®

Inhalt

Kopiervorlagen:

Die im Material angegebenen Internetadressen wurden zuletzt am 5.10.2018 geprüft.

www.hase-und-igel.de
Lektorat: Mira Fischer
Satz: Appel Grafik München GmbH
Illustrationen: Petra Dorkenwald

ISBN 978-3-86760-541-0

Das Buch

„Das Dschungelbuch" ist eines der bekanntesten und erfolgreichsten Jugendbücher der Welt. Vor allem durch die Verfilmung sind auch viele Grundschüler mit dem Stoff und der Handlung vertraut und lieben die sympathischen Figuren: den gutmütigen Braunbär Balu, den schlauen Panther Baghira und den furchtlosen Jungen Mogli. In einer lebendigen und kindgerechten Sprache, die sich eng am Original orientiert, erzählt Manfred Mai die Geschichte in dieser Schulausgabe so, dass schon Kinder ab der zweiten Klasse sie selbst erlesen können.

Der indische Junge Mogli entkommt als Kleinkind dem Tiger Shir Khan und wird von einer Wolfsfamilie in Obhut genommen und aufgezogen. Im Dschungel freundet er sich mit dem Bären Balu und dem Panther Baghira an, die ihm wichtige Kenntnisse für das Überleben vermitteln, ihn auf seinen Abenteuern begleiten und aus Gefahren retten. Doch als der Leitwolf Akela altert, reicht der Schutz seiner Freunde nicht mehr: Shir Khan stachelt die Wölfe gegen Mogli auf und der Junge wird aus dem Rudel verstoßen. Er kehrt zu den Menschen zurück und hütet Büffel. Mit seiner Herde und seinen Wolfsfreunden gelingt es ihm, Shir Khan eine Falle zu stellen und ihn zu töten. Aus Missgunst verbreitet der Jäger Buldeo Gerüchte über Moglis magische Fähigkeiten und der Junge wird daraufhin auch von den Dorfbewohnern vertrieben. Von nun an lebt er ohne Rudel mit seinen Freunden und der Wolfsfamilie im Urwald.

In seiner Neuerzählung erschafft Manfred Mai eine faszinierende Dschungelwelt und einen mutigen Helden, mit dem sich Mädchen und Jungen gleichermaßen identifizieren können. Die Atmosphäre des indischen Urwalds und die Eigenheiten seiner Bewohner werden in bildreicher Sprache geschildert und regen die Fantasie der Schüler an. Darüber hinaus greift die Lektüre wichtige soziale Themen des Aufwachsens und Lernens sowie des Zusammenlebens in einer Gemeinschaft auf. Somit eignet sich dieses Buch nicht nur formal, sondern auch inhaltlich ideal als Klassenlektüre für die zweite und dritte Jahrgangsstufe.

Das Material

Die neun Kapitel des Buches wurden in vier Leseabschnitte unterteilt, die Sie dem Inhaltsverzeichnis auf Seite 2 entnehmen können. Nach einigen Kopiervorlagen zur Einführung der Lektüre gibt es abwechslungsreiches Material zu jedem einzelnen Leseabschnitt. Arbeitsblätter zur spielerischen Zusammenfassung, Wiederholung und Weiterführung runden das Angebot ab.

Neben Aufgaben zum Textverständnis, zur Informationsentnahme aus Sachtexten und zu den Wortarten finden Sie in diesem Material auch kreative Anregungen für den fächerverbindenden Unterricht: Im Sportunterricht eröffnet der Erfahrungsraum des Urwalds Gelegenheiten für Bewegungs- und Wurfspiele, im Musikunterricht werden Elemente der Handlung mit Instrumenten und der Stimme umgesetzt (Dschungel-Rap, Klanggeschichte) und im Kunstunterricht liefert das Thema „Dschungel" Anlässe zur Bildbetrachtung und zum Malen eigener Bilder im Stil des Pointillismus.

Da der Schauplatz der Lektüre Indien ist, bietet es sich an, dieses vielfältige Land näher zu erforschen. Mehrere Kopiervorlagen dienen der Erstellung eines Lapbooks zum Thema „Indien". Als Abschluss der Unterrichtseinheit feiert die Klasse ein indisches Fest.

Die Kopiervorlagen können unterschiedlich eingesetzt werden. Folgende Vorgehensweisen sind zu empfehlen:

- Die Kinder lesen mithilfe des Lesebegleiters (S. 19) die Lektüre eigenständig und wählen auch ihr Material aus den Kopiervorlagen selbst aus.
- Sie lesen die Lektüre gemeinsam mit den Schülern. Nach jedem Kapitel werden der Lesebegleiter und weitere Seiten aus diesem Material gemeinsam bearbeitet.
- Die Lektüre wird zusammen gelesen. Dann füllt jedes Kind den Lesebegleiter eigenständig aus und entscheidet selbst, welche Seiten es aus dem angebotenen Material bearbeiten möchte.

Die Symbole in der Kopfleiste der Kopiervorlagen machen auf einen Blick deutlich, welche Arbeitstechniken jeweils gefordert sind:

Ich wünsche Ihnen und Ihrer Klasse viel Spaß beim Eintauchen in die Dschungelwelt und beim Miterleben von Moglis Abenteuern.

Christine Neidhardt

Vor der Lektüre

Vor Beginn der Lektüre können Sie die Vorkenntnisse der Schüler im Klassengespräch erfragen:

- Woher kennst du „Das Dschungelbuch“ (Film, Fernsehserie, Buch …)?
- Wo spielt es?
- Welche Figuren gibt es?
- Was weißt du über Indien und den Dschungel?
- Was interessiert dich besonders?

Die Ergebnisse werden auf einem Plakat festgehalten. Am Ende der Lektüre wird es durch folgende Punkte ergänzt:

- Das hat mich besonders beeindruckt.
- Das war neu für mich.

Hinweise zu den Kopiervorlagen

KV Seite 19

Mein Lesebegleiter

Nach der Lektüre jeden Kapitels füllen die Kinder dieses Arbeitsblatt aus. Sie wählen einen Lieblingssatz, verfassen eine kurze Inhaltsangabe des Kapitels und ordnen es in den Gesamtzusammenhang der Lektüre ein. Im Laufe der Unterrichtssequenz entsteht so ein persönliches Lesebegleitheft, das einen Überblick über das gesamte Buch bietet.

KV Seite 20

Lese-Leporello

Das „Lese-Leporello“ stellt eine Ergänzung oder eine Alternative zu der Kopiervorlage „Mein Lesebegleiter“ (S. 19) dar. Es eignet sich zur Differenzierung für leistungsschwächere Schüler oder Kinder nichtdeutscher Muttersprache, die den Lesebegleiter nicht ausfüllen können. Die beiden Streifen werden an den äußeren Linien ausgeschnitten und an den inneren Linien gefaltet.

KV Seite 21

Rudyard Kipling

Auf dieser Kopiervorlage wird der Autor des Originaltextes, Rudyard Kipling, vorgestellt. Anhand seiner Biografie erarbeiten Sie mit der Klasse die Merkmale eines Lebenslaufs. Als Hausaufgabe recherchieren die Kinder zusätzliche Informationen über den Autor. Der Steckbrief kann ausgeschnitten, in das Lesebegleitheft einsortiert oder in das Lapbook geklebt werden.

Lösung

Aufgabe 2:

Geboren am: 30. Dezember 1865
Als Kleinkind lebte er in Indien.
Dann wuchs er bei Pflegeeltern in England auf.
Mit fast 17 Jahren kehrte er nach Indien zurück und arbeitete dort als Redakteur.
Nebenbei schrieb er Kurzgeschichten.
Er war verheiratet mit Caroline. Sie hatten drei Kinder.
Gestorben ist er am 18. Januar 1936. Er wurde 70 Jahre alt.

Weiterführende Anregung

In einem zweiten Schritt informieren sich die Kinder über Manfred Mai, der „Das Dschungelbuch“ für die Schulausgabe gekürzt und neu erzählt hat. Sie verfassen selbstständig einen Steckbrief nach den erarbeiteten Kriterien. Auf der Website des Hase und Igel Verlags gelangen sie schnell zu Informationen über den Autor, wenn sie im Suchfeld „Mai“ eingeben. Auch auf der Homepage von Manfred Mai werden sie fündig: *www.manfred-mai.de.*

KV Seite 22–24

Mein Lapbook über Indien

Mit diesen drei Kopiervorlagen informieren sich die Schüler über Moglis Heimat und basteln ein eigenes Lapbook. Die kurzen Informationstexte über das Land Indien und seine Sprache und Kultur dienen als Grundlage für die Einträge in das Lapbook.

Auf Seite 24 werden die Informationen der beiden vorherigen Kopiervorlagen notiert. Die Kinder malen die Vorlagen an, schneiden sie aus und kleben sie in ihr Lapbook. Die Lotosblüte wird separat eingeklebt. Ihre Blätter können außen angemalt und eingeklappt werden.

Für den Einband ihres Lapbooks benötigen sie einen Tonkarton (DIN A3), auf dem sie die Mittellinie markieren. Anschließend knicken sie die äußeren Kanten zur Mitte um, sodass der Karton auf- und zugeklappt werden kann. Der Umschlag wird von den Schülern passend zum Thema „Indien“ beschriftet, bemalt und beklebt, z. B. mit ausgedruckten Bildern aus dem Internet oder Fotos aus Zeitschriften.

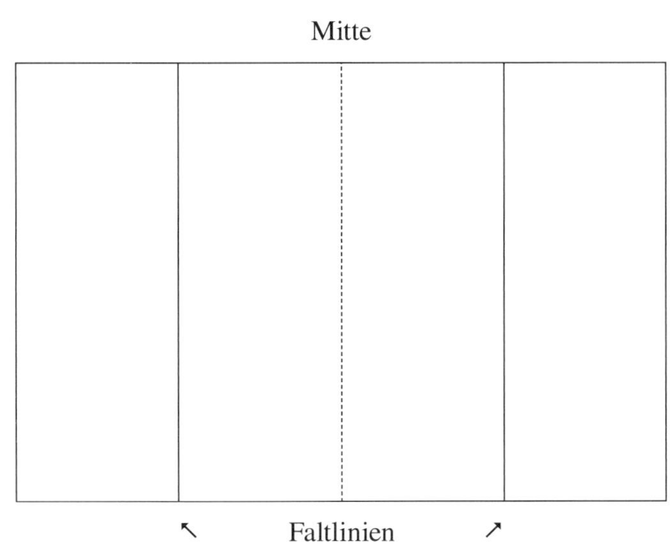

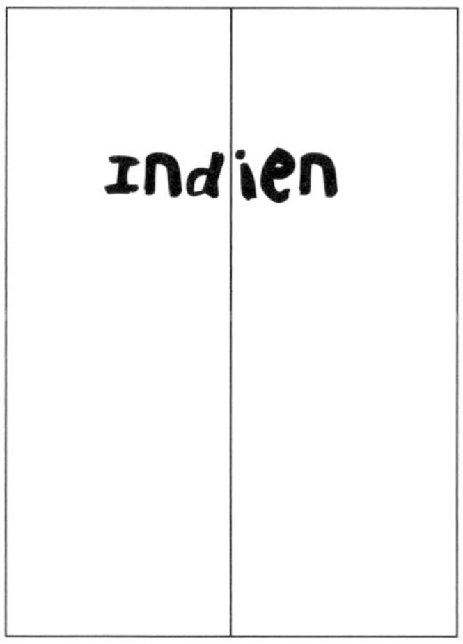

Lösung Seite 22

Lösung Seite 24

Länder-Steckbrief:
Ländername: Indien
Einwohnerzahl: 1,3 Milliarden
Klima: Regenzeit und heiße Trockenzeit
Hauptstadt: Neu-Delhi
Landessprachen: Hindi, Englisch
wichtigste Religion: Hinduismus

Flagge:
oberer Streifen: orange, mittlerer Streifen: weiß, unterer Streifen: grün

Hinduismus:

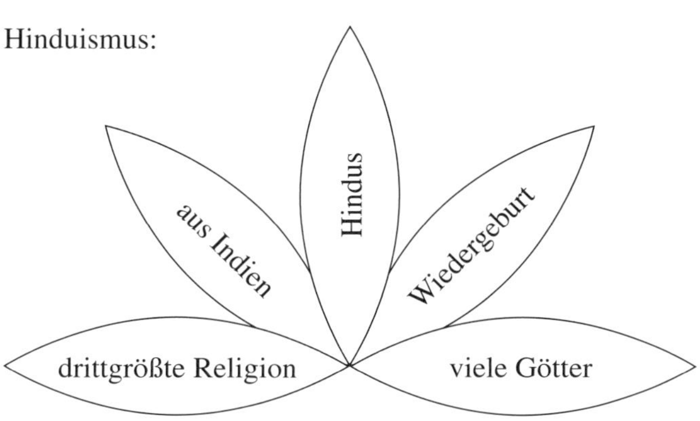

Weiterführende Anregungen

- Die Schüler recherchieren weitere Informationen zu Indien und ergänzen ihre Notizen.
- Die Kinder bereiten Kurzreferate zum Themenbereich vor. Mögliche Inhalte: Kleidung, Schule, Kinderarbeit, Yoga, Essen, Regenzeit, Spiele, Filme und Musik aus Bollywood, Götter …
- Die Schüler suchen Bilder und Informationen zu zwei Dschungeltieren und zwei Dschungelpflanzen im Internet oder in Lexika. Sie zeichnen die Tiere und Pflanzen auf die Rückseite des Lapbooks und beschriften ihre Skizzen.
- Falls im Unterricht kein Lapbook entstehen soll, können die Vorlagen auf Tonpapier geklebt und ins Lesebegleitheft einsortiert werden.

Weiterer Unterrichtsvorschlag

Eine Fantasiereise in entspannter Atmosphäre führt die Kinder in Moglis Heimat. Dazu passt meditative Musik, die leise im Hintergrund abgespielt wird. Lesen Sie den folgenden Text mit ruhiger Stimme vor:

Setze oder lege dich bequem hin. Schließe deine Augen. Atme ruhig ein und aus. (Pause.) Wir machen nun gemeinsam auf unserem fliegenden Teppich eine Reise. Suche dir einen Platz auf dem Teppich. Setze dich entspannt hin und fühle, wie sich der Teppich langsam in die Luft erhebt. (Pause.)

Der Teppich steigt immer höher in die Luft und fliegt über den Pausenhof. Du siehst unter dir die Schule. Sie wird kleiner und kleiner. Wir verlassen unsere Stadt und dann Deutschland. Es geht Richtung Südosten. Langsam schwebt der Teppich dahin. (Pause.)

Es wird immer wärmer. Die Sonne steht hoch am Himmel. In der Ferne erkennst du hohe, dichte Bäume. Langsam senkt sich der Teppich und wir landen auf einer Lichtung im Dschungel. Es ist sehr heiß und feucht. Du siehst dir deine neue Umgebung genau an. (Pause.)

Du entdeckst viele verschiedene Bäume und Sträucher, die du noch nie gesehen hast. Die Blätter leuchten in den unterschiedlichsten Grüntönen. Blüten schillern in Gelb, Orange, Rot und Rosa. Du riechst fremde, ungewohnte Gerüche. Höre auf die unbekannten Geräusche. (Pause.)

Hörst du die Affen kreischen? In der Ferne hörst du Wolfsgeheul. (Pause.) Du entdeckst keine Menschen, nur kleine und größere Tiere. Hinter dir im Gebüsch raschelt etwas. Was wird das wohl sein? (Pause.)

Nimm deine Gedanken und Gefühle mit und reise auf dem Teppich wieder zurück zu uns ins Klassenzimmer. (Pause.) Ich zähle nun langsam bis fünf. Dann öffnest du deine Augen und streckst dich.

1. und 2. Kapitel:
Bei den Wölfen

Inhalt

Eine Wolfsfamilie im indischen Dschungel erwacht zu Beginn der Nacht. Als Vater Wolf zum Jagen aufbrechen möchte, erscheint der Schakal Tabaki. Er ist auf der Suche nach Fressen und kündigt an, dass der Tiger Shir Khan in der Nähe jagen will. Kurz darauf entdecken die Wölfe ein Menschenkind und bringen es in ihre Höhle. Da taucht Shir Khan auf und fordert die Herausgabe des Kindes. Mutter Wolf verweigert dies und beschließt, den Jungen mit ihren vier Kindern gemeinsam aufzuziehen. Sie gibt ihm den Namen Mogli.

In einer Vollmondnacht begibt sich die Wolfsfamilie zur Versammlung am Ratsfelsen, damit Mogli in das Rudel aufgenommen wird. Shir Khan kommt dazu und fordert erneut, ihm das Menschenkind auszuliefern. Der Leitwolf Akela weist darauf hin, dass zwei Teilnehmer der Versammlung für Mogli sprechen müssen, damit er Mitglied des Rudels werden kann. Der Braunbär Balu, der als Freund der Wölfe und Lehrer ihrer Jungen der Zusammenkunft beiwohnen darf, und der Panther Baghira, der den Respekt des Rudels genießt, setzen sich für seine Aufnahme ein. Dafür überlässt Baghira den hungrigen Wölfen einen fetten Ochsen. Mogli wird vom Rudel aufgenommen und Shir Khan verlässt zornig die Ratsversammlung.

Gesprächs- und Schreibanlässe

Die Nacht bricht an im indischen Dschungel.
- Was weißt du über das Land Indien?
- Was ist ein Dschungel?
- Welche Tiere leben dort?
- Wie stellst du dir eine Nacht im Dschungel vor?

Die Wolfsfamilie erwacht.
- Hast du schon Wölfe gesehen? Wo war das?
- Wie sehen Wölfe aus?
- Was weißt du über ihre Lebensweise?
- Warum erwachen die Wölfe zu Beginn der Nacht?
- Welche anderen nachtaktiven Tiere kennst du?

Der Schakal Tabaki ist ein Außenseiter und wird von den Wölfen verachtet.
- Was sind die Gründe dafür?
- Hast du dich auch schon einmal als Außenseiter gefühlt? Warum? Wie war das für dich?

Am Höhleneingang erscheint ein Menschenkind.
- Wie alt wird es wohl sein?
- Woher könnte es kommen?
- Warum ist es allein?

Mutter Wolf will das Kleinkind behalten.
- Warum hat sie wohl diese Absicht?
- Was könnte die Wolfsfamilie sonst noch mit dem Jungen machen?
- Warum muss das Kind dem Rudel gezeigt werden?

Alle Erwachsenen des Wolfsrudels geben auf die Jungen acht und beschützen sie.
- Warum ist das für die Wölfe wichtig?
- Was sind die Gemeinsamkeiten zwischen einem Wolfsrudel und einer Menschenfamilie? Was sind die Unterschiede?

Vater Wolf, Akela und Baghira sprechen von den „Gesetzen des Dschungels".
- Was legen die Gesetze des Dschungels fest?
- Welche Regeln und Gesetze gibt es in deiner Familie / in unserer Gesellschaft?

Am Ende stimmen alle Wölfe für Moglis Aufnahme in das Rudel.
- Warum sind nun alle dafür?
- Was würde passieren, wenn die Wölfe satt wären?
- Wie könnte die Geschichte weitergehen, wenn Mogli nicht in das Rudel aufgenommen würde?

Akela sagt: „Vielleicht wird uns der Kleine eines Tages eine große Hilfe sein." (S. 18)
- Was könnte Mogli für die Tiere tun?
- Wird Akela wohl Recht behalten? Was meinst du?

Nach der Aufnahme von Mogli in das Wolfsrudel ist Shir Khan zornig.
- Welche Gefahr besteht für Mogli?
- Wie könnte die Geschichte weitergehen?

Hinweise zu den Kopiervorlagen

KV Seite 25

Moglis Brüder
Nach der Lektüre des ersten Kapitels beantworten die Schüler Fragen zum Textverständnis. Je nach Leistungsstand können sie dabei das Buch zu Hilfe nehmen. Ab der zweiten Frage werden vollständige Sätze aufgeschrieben.

Lösung

1. Tageszeit: nachts, Jahreszeit: Sommer
2. Tabaki jagt nicht selbst, sondern frisst Reste und Abfälle. Er redet schlecht über andere Tiere.
3. Man darf sein Jagdrevier nicht einfach wechseln.
4. Vater Wolf entdeckt ein Menschenkind vor der Höhle.
5. Die Wölfe wollen das Kind behalten und zusammen mit ihren Jungen großziehen.
6. Mutter Wolf nennt ihn Mogli. Das bedeutet „Frosch".

KV Seite 26

Der Wolf

Auf dieser Kopiervorlage finden sich zwei kurze Sachtexte über den Wolf und das Wolfsrudel. Die Schüler stellen einen Bezug zur Lektüre her, indem sie die Informationen mit der Beschreibung des Wolfsrudels im Buch vergleichen. Der vierte Arbeitsauftrag dient als Grundlage für ein Klassengespräch. Mittlerweile leben wieder etwa siebzig Wolfsrudel in Deutschland. Von vielen Menschen werden die Wölfe als Bedrohung wahrgenommen. Verschiedene Organisationen widmen sich daher der Aufklärung über diese Tiere:

- Naturschutzbund Deutschland: *www.nabu.de/tiere-und-pflanzen/saeugetiere/wolf/wissen/15812.html*
- Freundeskreis freilebender Wölfe e. V.: *www.lausitz-wolf.de/index.php*
- Sendung „Planet Wissen": *www.planet-wissen.de/natur/wildtiere/woelfe_in_deutschland/index.html*

Lösung

Aufgabe 3:

Im Buch gehören nicht nur die Eltern und Jungen einer Wolfsfamilie, sondern weitere Familien zum Rudel. Die jungen Wölfe bleiben ihr ganzes Leben lang beim Rudel.

Weiterführende Anregungen

- Die Kinder verfassen einen Steckbrief über den (Indischen) Wolf. Der Steckbrief kann auch in das Lapbook geklebt werden. Dabei werden die Kriterien eines Tier-Steckbriefes erarbeitet: Name, Aussehen, Lebensraum, Lebensweise, Nahrung, Wissenswertes.
- Der Wolf kommt in vielen Liedern, Märchen und Geschichten vor. Im Plenum werden Beispiele gesammelt: „Die drei kleinen Schweinchen", „Der Wolf und die sieben Geißlein", „Rotkäppchen", das Lied „Zwei kleine Wölfe" etc. Dabei wird im Gespräch geklärt, welche Merkmale und Eigenschaften real und welche nur erfunden sind.

KV Seite 27

Vor dem Rat der Wölfe

Nach dem Lesen des zweiten Kapitels entscheiden die Schüler hier über den Wahrheitsgehalt einiger Aussagen und beweisen so ihre Textkenntnis. Die Lösungswörter dienen der Selbstkontrolle.

Lösung

Aufgabe 1:

	wahr	falsch
1. Die Wölfe versammeln sich bei Vollmond am Ratsfelsen.	X	
2. Vater Wolf geht ohne seine Familie zur Versammlung.		X
3. Das Rudel passt auf alle Jungen auf und beschützt sie.	X	
4. Als letztes Junges wird Mogli ins Mondlicht geschoben.	X	
5. Shir Khan fordert die Herausgabe von Akela.		X
6. Der Eisbär Balu stimmt für Mogli.		X
7. Balu will Mogli wie die anderen Wolfsjungen unterrichten.	X	
8. Viele der Wölfe haben keinen Respekt vor Baghira.		X
9. Baghira bezahlt das Leben Moglis mit einem fetten Ochsen.	X	
10. Alle Wölfe stimmen am Ende für die Aufnahme Moglis in das Rudel.	X	
11. Akela glaubt nicht, dass Mogli eines Tages eine große Hilfe sein wird.		X
12. Zum Schluss sind alle zufrieden mit dem Ausgang der Ratsversammlung.		X

Aufgabe 2:

Lösungswörter: BRAUNBÄR BALU

KV Seite 28

Das Gesetz des Dschungels
In den ersten beiden Kapiteln wird mehrfach auf das „Gesetz des Dschungels" Bezug genommen. Die Schüler suchen die betreffenden Textstellen heraus und tragen die drei Gesetze auf dem Arbeitsblatt ein. Die zweite Aufgabe dient der Reflexion über die Dschungelgesetze. Im Anschluss daran übertragen die Kinder das Thema auf ihre eigene Lebenswelt und überlegen gemeinsam, welche Regeln in ihrer Klasse gelten.

Lösung
Aufgabe 1:
1. Gesetz (Seite 8): Man darf sein Jagdrevier nicht einfach wechseln.
2. Gesetz (Seite 13): Das Rudel beschützt seine Jungen und gibt auf sie acht.
3. Gesetz (Seite 15): Jeder kann das Leben eines Jungen retten, wenn er einen angemessenen Preis bezahlt.

Weiterführende Anregung
In Gruppenarbeit sammeln die Schüler Regeln, die für die gesamte Schule, für die Familie oder für den Sport gelten.

Weitere Unterrichtsvorschläge

- Im ersten Kapitel findet sich der Satz: „Mutter Wolf leckte die vier winselnden Jungen ab." (S. 7) Anhand des Ausdrucks „winselnde Jungen" wird erarbeitet, dass es Wörter gibt, die mehrere Bedeutungen haben. Hier meint „Jungen" kleine Wölfe, es könnte aber auch bedeuten, dass es nur männliche Wölfe sind. Im Singular sind die beiden Begriffe allerdings unterscheidbar: das Junge / der Junge.
- Im Klassengespräch werden weitere mehrdeutige Begriffe gesammelt: Schloss, Hahn, Decke, Bank, Tor …
- Die Schüler lesen das Gespräch bei der Ratsversammlung (2. Kapitel, S. 13 – 18) mit verteilten Rollen und üben es ein. Durch die Einbeziehung von Geräuschen und Instrumenten kann ein Hörspiel entstehen.

3. bis 5. Kapitel:
Moglis Kindheit im Dschungel

Inhalt

Mogli wächst bei den Wölfen auf. Von seinen Wolfseltern, Baghira und Balu lernt er alles, was man zum Überleben im Dschungel braucht, z. B. Jagdtechniken, Klettern und die Meisterworte in den verschiedenen Sprachen der Tiere, mit denen man um Schutz bittet. Eines Tages wird Mogli während des Mittagsschlafs von den Affen entführt und zur verlassenen „Kalten Stadt" gebracht. Während der Jagd durch die Baumwipfel bittet Mogli den Geier Tschil in der Vogelsprache, Balu und Baghira über seinen Aufenthaltsort zu verständigen. Während Mogli vom Affenvolk in der Kalten Stadt festgehalten wird, planen Baghira und Balu mit der Schlange Kaa seine Rettung. In der folgenden Nacht befreien die drei Tiere den Jungen.

Gesprächs- und Schreibanlässe

Mogli lernt von den Wölfen, Baghira und Balu alles, was er zum Überleben im Dschungel braucht.
- Ist für dich Lernen auch lebensnotwendig?
- Wer lehrt dich was?
- Von wem lernst du am besten?
- Was brauchst du, um gut lernen zu können?

Balu ist ein gutmütiger, aber auch ein strenger Lehrer.
- Wie gefällt dir Balus Unterrichtsmethode?
- Kennst du ähnliche Lehrer, die gutmütig und streng zugleich sind? Wie findest du das?

Als Balu Mogli herbeiruft, will er nicht schon wieder lernen.
- Geht es dir manchmal auch so? Was tust du dagegen?
- Wie macht dir Lernen am meisten Spaß?

Im Umgang mit den Affen helfen Mogli die Meisterworte nicht weiter.
- Warum halten sich die Affen wohl nicht an dieses Dschungelgesetz?
- Welche Beispiele für ein solches Verhalten kennst du aus deinem Leben?

Balu macht sich Vorwürfe, dass er Mogli nicht vor den Affen gewarnt hat.
- Warum tut er das?
- Hast du auch schon einmal vergessen, etwas Wichtiges weiterzusagen? Was war das?

Balu sagt über Mogli: „Er ist mein eigener Schüler und ich liebe ihn." (S. 31)
- Warum ist die Liebe wichtig für Menschen und Tiere?
- Wen liebst du? Warum?
- Wer liebt dich?

Kaa ist überzeugt, dass Mogli es mit seinem guten Herzen und seiner höflichen Zunge im Dschungel noch weit bringen wird.

- Worin zeigt sich Moglis gutes Herz?
- Was ist eine höfliche Zunge?
- Wie können dir diese beiden Eigenschaften im Leben weiterhelfen?

Hinweise zu den Kopiervorlagen

KV Seite 29

Mogli lernt fleißig

Die Schüler überprüfen mithilfe des Kreuzworträtsels auf spielerische Weise, wie genau sie das dritte Kapitel gelesen haben. Dabei können sie auch im Buch nachschlagen. Das Lösungswort dient der Selbstkontrolle.

Lösung

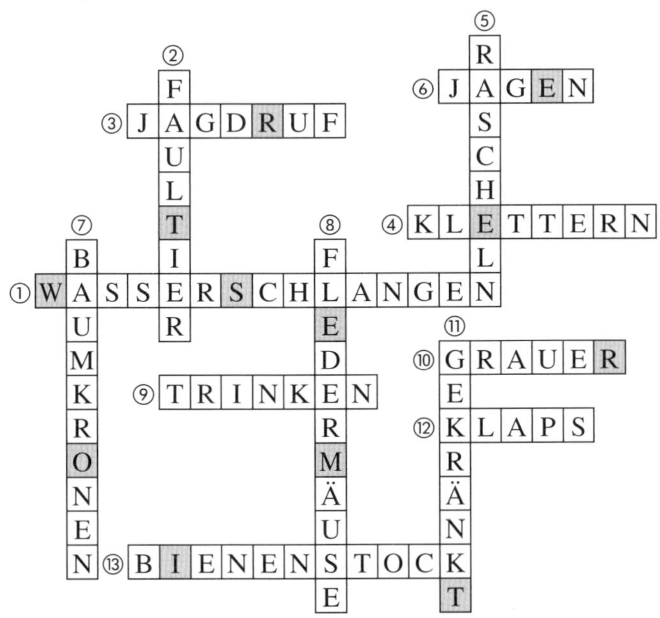

Das Lösungswort lautet: MEISTERWORTE.

KV Seite 30

In der Dschungelschule

Mogli wächst im Dschungel ganz anders auf als normale Kinder. So besucht er z. B. keine richtige Schule. Doch auch im Dschungel gibt es einiges zu lernen. Mithilfe dieser Kopiervorlage setzen die Schüler das Aufwachsen Moglis mit ihrer eigenen Lebenswelt und den Themen „Lernen“ und „Schule“ in Beziehung. Sie benennen die „Lehrer“ Moglis, entwerfen einen „Stundenplan“ für ihn und stellen sich ihren eigenen Besuch in der „Dschungelschule“ vor.

Lösung

Aufgabe 1:

Vater und Mutter Wolf, der Panther Baghira, der Bär Balu

Aufgabe 2 (Beispiellösung):

	Montag	Dienstag	Mittwoch	Donnerstag	Freitag
1. Stunde morgens	klettern	sich durch die Baumkronen schwingen	das Springen von Fischen hören	die Gesetze des Waldes	die Gesetze des Wassers
2. Stunde nachmittags	Sprache der Wölfe	Sprache der Vögel	Sprache der Affen	Sprache der Bären	Sprache der Panther
3. Stunde abends	anschleichen	weglaufen	verstecken	weglaufen	anschleichen
4. Stunde nachts	die Gesetze des Jagens	einen Hauch in der Nachtluft erkennen	den Ruf der Eule verstehen	das Kratzen der Fledermäuse hören	das Rascheln im Gras deuten
5. Stunde nachts	jagen	jagen	jagen	jagen	jagen

KV Seite 31

Dschungel-Rap

Dieser Rap erzählt von Moglis Leben als Kind im Dschungel. Die Schüler klatschen gemeinsam den Rhythmus. Zuerst wird der Refrain gelernt. Verschiedene Orff-Instrumente unterstützen den Takt. Dann wird der Text gemeinsam Zeile für Zeile erarbeitet.

Weiterführende Anregungen

- Die Schüler malen zu jeder Strophe ein passendes Bild.
- Die Kinder denken sich weitere Strophen aus.
- Der „Dschungel-Rap“ wird mit Bewegungen und Instrumentalbegleitung eingeübt und bei einem indischen Fest (s. „Weitere Unterrichtsvorschläge“, S. 18) aufgeführt.

KV Seite 32

Die Affen kommen

Anhand des Arbeitsblattes überprüfen die Schüler eigenständig, wie gründlich sie das vierte Kapitel gelesen haben. Dazu finden sie zu vorgegebenen Satzanfängen das richtige Satzende.

Lösung

1. Zum Mittagsschlaf suchen sich Balu, Baghira und Mogli ein schattiges Plätzchen.
2. Mogli spricht mit den Affen in der Affensprache.
3. Balu weckt den Dschungel mit lautem Gebrüll.
4. Mogli spricht in Vogelsprache mit Tschil, dem Geier.
5. Balu hatte Mogli nicht vor den Affen gewarnt.
6. Die Schlange Kaa ist das beinlose Wesen.

Das Lösungswort lautet: DENKZETTEL.

KV Seite 33

Mogli und die Dschungeltiere

Diese Kopiervorlage widmet sich den Figuren der Lektüre, die von Manfred Mai durch anschauliche Adjektive beschrieben werden. Die Schüler wählen für Mogli und jedes Tier zwei passende Eigenschaften aus. Dazu können sie gegebenenfalls auch im Buch nachschlagen. In einem zweiten Schritt ordnen sie jeder Figur ein passendes Orff-Instrument zu. Voraussetzung ist, dass die Instrumente schon im Unterricht eingeführt wurden und den Kindern bekannt sind.

Lösung

Aufgabe 1:
Mogli: klug, furchtlos
Balu: gutmütig, streng
Baghira: mutig, stark
Affen: laut, töricht
Kaa: lautlos, beinlos
Tabaki: hinterlistig, boshaft
Akela: alt, weise
Tschil: schnell, gefiedert
Shir Khan: lahm, zornig

Aufgabe 2 (Beispiellösung):
Mogli: Metallofon
Balu: Trommel
Baghira: Xylofon
Affen: Glöckchen
Kaa: Rassel
Tabaki: Triangel
Akela: Klangstäbe
Tschil: Zimbeln
Shir Khan: Becken

Weiterführende Anregung

Die Kinder verfassen zu jedem Tier einen Steckbrief, in dem es in seiner natürlichen Umgebung vorgestellt wird. Anschließend vergleichen sie den Steckbrief mit der Darstellung des Tiers in der Lektüre.

KV Seite 34/35

Eine Klanggeschichte

Der Inhalt des vierten Kapitels wird als Klanggeschichte erzählt. Auf der vorherigen Kopiervorlage „Mogli und die Dschungeltiere" (S. 33) haben die Schüler bereits Instrumente für die Figuren ausgewählt. Nun ordnen sie jedem Satz passende Instrumente und Geräusche zu. Ein Erzähler liest die Sätze langsam und mit Pausen vor. Dabei können sich auch mehrere Kinder abwechseln. Die anderen Schüler erzeugen Geräusche und spielen die Instrumente.

Beispiellösung

Sprechtext	Instrumente und Geräusche
Als es Zeit …	sachte trommeln, sanft blasen und hauchen
Und es dauerte …	Stille
Mitten im …	Glöckchen, die immer lauter werden
Erschrocken …	kurzer Trommelschlag, Glöckchen, Schellentrommeln
Da **schrie** Mogli …	Schläge auf dem Metallofon
Der Bär **weckte** …	Gebrüll, Trommel, Xylofon
Kreischend …	Kreischen, Glöckchen und Schellentrommeln (laut und schnell)
Obwohl ihm …	Glöckchen, Metallofon, ein einzelner schwerer Trommelschlag
machte Mogli …	Glöckchen, Schellentrommeln, Metallofon
Mogli entdeckte …	Zimbeln, kreisende Geräusche auf der Trommel
Mogli bat …	Metallofon und Zimbeln im Wechsel
Tschil willigte …	Zimbeln, kreisende Geräusche auf der Trommel, Glöckchen und Schellentrommeln (jetzt leiser)
Währenddessen …	kurze, leise Trommelschläge, Xylofon
Sie fanden …	Rassel
Balu und Baghira …	Trommelschläge, Xylofon (schnell, aufgeregt)
Kaa **zischelte** …	Rassel
Sie hörten …	Zimbeln (laut)
Tschil **erzählte** …	erst Zimbeln, dann Metallofon (leise)
Balu, Baghira und …	Trommel, Xylofon, Rassel

Weiterführende Anregung

Die Kinder verfassen zum fünften Kapitel „Die Kalte Stadt" eine weitere Klanggeschichte. In der Gruppe schreiben sie dazu den Text und wählen passende Geräusche und Instrumente aus. Beide Klanggeschichten werden als Hörspiel aufgenommen. Zu Beginn des Hörspiels kann der „Dschungel-Rap" (S. 31) vorgetragen werden.

KV Seite 36

Die Kalte Stadt

Die Schüler sichern mithilfe des Arbeitsblattes ihre Kenntnis des fünften Kapitels. Dazu nummerieren sie die vorgegebenen Sätze in der richtigen Reihenfolge. Alternativ bekommen die Kinder partner- oder gruppenweise die zerschnittenen Sätze, ordnen sie und kleben sie auf ein Blatt Papier.

Lösung

Aufgabe 1:

3. Mogli hoffte, dass seine Freunde ihn bald befreien würden.
1. Die Stadt wurde vor langer Zeit auf einem Hügel erbaut. Obwohl sie in Trümmern lag, fand Mogli sie herrlich und wunderbar.
6. Die Affen fielen über Baghira her und sperrten Mogli in einen zerfallenen Turm.
2. Mogli war müde und hatte Hunger. Auf der Suche nach Essen wurde er von den Affen eingefangen und auf den Marktplatz zurückgebracht.
9. Kaa befreite Mogli aus dem Turm, indem sie mit ihrem starken Kopf gegen die Mauer schlug.
4. Kaa und Baghira lauerten im Graben und warteten auf Balu.
7. Balu kam dazu und ließ die Affen mit seinen Pranken durch die Luft fliegen.
12. Er versprach Kaa, seine Beute in Zukunft mit ihr zu teilen, wenn sie hungrig wäre.
8. Nun griff auch Kaa in den Kampf ein und die Affen flohen vor lauter Angst.
10. Mogli wurde von seinen erleichterten Freunden begrüßt, die beide blutende Wunden hatten.
5. Dann sprang Baghira zwischen die Affen und schlug mit seinen Tatzen um sich.
11. Mogli bedankte sich bei seinen Freunden und der Schlange.
13. Baghira trug den schlafenden Jungen zurück zur Wolfshöhle.

Aufgabe 2:
Lösungssatz: Kaa rettet Moglis Leben.

KV Seite 37

Meisterworte

Diese Kopiervorlage beschäftigt sich mit den „Meisterworten", die Balu dem Menschenkind beibringt. Indem die Schüler betreffende Textstellen heraussuchen, rekapitulieren sie den Inhalt des dritten bis fünften Kapitels. Im Klassengespräch sollte darüber diskutiert werden, warum die Meisterworte überlebenswichtig für Mogli sind und weshalb sie als „Meisterworte" bezeichnet werden. Anschließend übertragen die Kinder das Thema auf ihre eigene Lebenssituation, indem sie sich mit einem Partner oder in der Gruppe „Meisterworte" ausdenken, die ihnen in der Familie, in der Schule oder in der Freizeit helfen können.

Lösung

Aufgabe 1:
„Du und ich, ich und du, wir sind vom gleichen Blute."

Aufgabe 2:
Kapitel 4, Seite 25; Kapitel 4, Seite 27; Kapitel 5, Seite 37; Kapitel 5, Seite 40

Aufgabe 3 (Beispiellösung):
In der Familie: Ihr und ich, ich und ihr, wir helfen einander.
In der Schule: Ihr und ich, ich und ihr, wir sind fair zueinander.
In der Freizeit: Du und ich, ich und du, wir halten zusammen.

Weiterführende Anregung

Die Schüler übersetzen die Meisterworte in eine selbst gewählte Tiersprache. Sie finden lautmalerische Unsinnswörter, Geräusche oder Ausrufe, die zu dem jeweiligen Tier passen. Die Wölfe heulen die Meisterworte, die Affen kreischen mit dem Laut „ua" etc.

KV Seite 38

Mein Dschungelbild

Die Schüler gestalten die Figuren aus der Lektüre in der Technik des Pointillismus (Kunstrichtung am Ende des 19. Jahrhunderts): Sie tupfen mit dünnen Borstenpinseln oder Wattestäbchen, die sie in Wasserfarbe tauchen, die Tiere und Mogli farblich passend aus.

Weiterführende Anregungen

- Die Kinder malen mit Wasserfarben ein Dschungelbild auf ein DIN-A4-Papier. Anschließend schneiden sie ihre bunten Figuren aus. Mit Papierstreifen, die hinten an den Figuren befestigt, geknickt und auf das Bild geklebt werden, lassen sie sich aufstellen. Das Bild mit Pop-up-Effekt wird ins Lapbook integriert.

- Die ausgeschnittenen Figuren werden mit dünnen Holzstäben versehen und für ein Theaterstück verwendet.

Weitere Unterrichtsvorschläge

- Die Schüler schreiben zu vorgegebenen Wortgruppen (jeweils drei Wörter) ihre eigene Dschungelgeschichte. Mögliche Wortgruppen: Kleinkind – Dschungel – allein, Wolfsrudel – Nacht – Jäger, Mogli – Dschungel – erwachsen, Nacht – träumen – Mogli.
- Die Entführung Moglis durch die Affen und der Aufenthalt in der Kalten Stadt dienen als Grundlage für einen Bewegungsparcours im Sportunterricht: Zum Aufwärmen rennen und springen die Schüler wie Affen herum. Mehrere „Affen" tragen einen „Mogli" auf einer Matte liegend möglichst schnell von einer Seite der Turnhalle zur anderen. Der Bewegungsparcours selbst hat folgende Stationen:
  1. Von Baum zu Baum: Die Schüler schwingen an Ringen hin und her.
  2. Kokosnuss-Zielwurf: Die Kinder werfen möglichst viele verschiedene Bälle in umgedrehte Kästen.
  3. Auf dem Baumstamm über den Fluss: Die Schüler balancieren über eine umgedrehte Langbank.
  4. Von Liane zu Liane: Die Kinder schwingen an Seilen von einer Langbank zur anderen und wieder zurück.
  5. Auf Steinen durch den Fluss: Die Schüler hüpfen von Reifen zu Reifen.
  6. Rauf auf den Baum: Die Kinder klettern die Sprossenwand hinauf und wieder hinunter.

  Zum Ausklang sitzen die Schüler paarweise auf dem Boden und massieren sich gegenseitig den Rücken.

6. und 7. Kapitel:
Bei den Menschen

Inhalt

Mogli ist mittlerweile zu einem starken Jungen herangewachsen. Doch Baghira macht sich Sorgen um ihn, da das Wolfsrudel nicht mehr geschlossen hinter dem alten Akela steht und Shir Khan die jungen Wölfe gegen Mogli aufhetzt. Der Panther rät seinem Freund, die „rote Blume", also das Feuer, von den Menschen zu holen, was dieser in die Tat umsetzt.

Bei der Ratsversammlung spricht Shir Khan zu den Wölfen. Es kommt zum Streit zwischen dem Tiger und dem Menschenjungen. Mogli wirft schließlich den Feuertopf zu Boden und droht Shir Khan mit dem Tod. Dann verlässt er den Dschungel und geht zu den Menschen.

In einem Dorf wird er von Messua, deren Kind vor langer Zeit von einem Tiger geholt wurde, aufgenommen. Sie bringt ihm die Menschensprache bei. Mogli kann sich nicht an die Sitten und Gebräuche der Dorfbewohner gewöhnen. Er wird zum Hirtenjungen und ernennt sich selbst zum Oberhirten, der sich allein um die Büffelherde kümmert.

Gesprächs- und Schreibanlässe

Mogli fürchtet sich nicht vor Shir Khan.
- Warum hat er keine Angst?
- Vor wem oder was fürchtest du dich?

Der Junge stand immer unter Akelas Schutz.
- Wovor hat Akela ihn beschützt?
- Wann benötigst du Schutz?
- Wer beschützt dich?

Mogli sagt zu den Wölfen: „Was ihr mit mir tun oder nicht tun wollt, das habt nicht ihr zu entscheiden – das bestimme ganz allein ich." (S. 46)
- Hast du etwas Ähnliches auch schon einmal zu jemandem gesagt? Zu wem?
- Gibt es Situationen in deinem Leben, in denen du dies gern sagen möchtest?

Mogli fühlt sich von den Wölfen verraten.
- Warum? Was ist passiert?
- Wie würdest du dich in seiner Situation fühlen?

Der Junge will die Wölfe trotzdem nie verraten.
- Warum wohl nicht?
- Was würdest du an Moglis Stelle tun?

Mogli weint zum ersten Mal in seinem Leben.
- Wie kommt es dazu?
- Wann hast du das letzte Mal geweint?
- Wer hat dich getröstet?
- Wer könnte Mogli trösten?
- Wie wird es Mogli wohl weiterhin ergehen?

Ohne die Sprache der Menschen zu sprechen, fühlt sich Mogli im Dorf hilflos.
- Warst du schon einmal in einer Situation, in der du kein Wort verstanden hast? Erzähle.
- Wie hast du dich dabei gefühlt?

- Welchen Menschen in deiner Umgebung geht es ähnlich wie Mogli?

Viele Dinge, die Mogli im Dorf kennenlernt, versteht oder mag er nicht.

- Was gehört dazu?
- Welche Dinge in deiner Umgebung findest du schwer zu verstehen?

Mogli sagt den erwachsenen Dorfbewohnern, womit er nicht einverstanden ist.

- Was hältst du davon?
- Wie gehen die Dorfbewohner damit um?
- Sagst du den Erwachsenen in deiner Umgebung, wenn dich etwas stört? Wie reagieren sie darauf?

Mogli ist lieber bei den Tieren als bei den Menschen.

- Warum geht es Mogli wohl so?
- Was ist bei den Tieren anders?

Hinweise zu den Kopiervorlagen

KV Seite 39

Die rote Blume

Auf diesem Arbeitsblatt wird der Inhalt des sechsten Kapitels zusammengefasst. Indem die Schüler zwölf falsche Wörter bzw. Wortgruppen finden, beweisen sie ihr Textverständnis und ihre Lesegenauigkeit. Die verbesserte Inhaltsangabe schreiben sie in ihr Heft und führen sich so noch einmal den Handlungsverlauf vor Augen.

Lösung

Aufgabe 1:

Mogli wächst im ~~Menschendorf~~ zu einem furchtlosen und starken Jungen heran, der auch vor Shir Khan keine Angst hat. Er fühlt sich im Wolfsrudel und bei seinen ~~Feinden~~ sicher. Baghira weist Mogli darauf hin, dass er bald nicht mehr unter Akelas Schutz stehen werde, da dieser zu alt sei, um das Rudel weiter zu führen. Shir Khan erzählt den jungen ~~Affen~~, dass Mogli nicht zu ihnen gehört. Die jungen Wölfe hassen ~~Balu~~, weil er ein Mensch ist. Baghira schlägt Mogli vor, die ~~schwarze Kohle~~ – das Feuer – aus dem Menschendorf zu holen. Vor der roten Blume haben alle Tiere Angst. In der Nacht schleicht Mogli ~~zur Stadt~~ und stiehlt einem Jungen ~~den Wassereimer~~. Die Wölfe suchen schon nach ihm, da Akela keine Beute geholt hat. Beim abendlichen Treffen der Wölfe ~~in der Kalten Stadt~~ ist Shir Khan dabei. Mogli will verhindern, dass der Tiger im Rat spricht. Dabei kommt es zum Streit zwischen den Wölfen. Sie wollen Mogli zurück zu den ~~Affen~~ schicken. Der Tiger aber fordert Mogli als seine Beute. Deshalb wirft Mogli den Feuertopf ~~in die Luft~~ und die Wölfe bekommen Angst. Bevor er zu den Menschen aufbricht, schwört Mogli dem Tiger Rache. Er werde erst zurückkommen, wenn er ~~seinen Körper~~ um die Schultern tragen kann. Mogli fordert die ~~Vögel~~ auf, Akela frei leben zu lassen. Dann verlässt er schweren Herzens den Dschungel.

Aufgabe 2:

Dschungel, Freunden, Wölfen, Mogli, rote Blume, zum Dorf, das Feuergefäß, am Ratsfelsen, Menschen, auf den Boden, sein Fell, Wölfe

Weiterführende Anregungen

- Anhand der vorgegebenen Zusammenfassung werden die Kriterien für eine Inhaltsangabe erarbeitet (s. Infokasten).
- Anschließend verfassen die Schüler eine Inhaltsangabe des siebten Kapitels.

Inhaltsangabe

Eine Inhaltsangabe oder Zusammenfassung bietet einen Überblick über den wesentlichen Inhalt eines Textes. Wichtige Kriterien für das Schreiben einer Inhaltsangabe sind:

- Zeitform: Präsens
- W-Fragen beantworten (sofern sie im Text beantwortet werden): Wer? Was? Wo? Wann? Wie? Warum?
- sich kurzfassen, Unwichtiges weglassen
- sachlich formulieren, keine Umgangssprache verwenden
- keine eigenen Gedanken äußern (ich finde/ich meine)
- richtige Handlungsabfolge beachten

KV Seite 40

Sagen, rufen, sprechen, flüstern …

Im sechsten Kapitel finden mehrere Gespräche zwischen Mogli und Baghira bzw. zwischen

Mogli, Baghira, Akela, Shir Khan und den Wölfen statt. Anhand dieser Beispiele wird im Klassenverband die wörtliche Rede besprochen bzw. wiederholt. Als Vorübung lesen die Kinder ein Gespräch mit verteilten Rollen (z. B. S. 41 / 42). Dann identifizieren sie die Redebegleitsätze und die einleitenden Verben. Im Anschluss bearbeiten sie eigenständig die Aufgaben der Kopiervorlage. Schwächere Schüler notieren bei Aufgabe 1 die Verbformen aus dem Buch, stärkere Schüler die jeweilige Grundform. Indem sie selbst ein Gespräch zwischen Mogli und Balu entwerfen, festigen die Kinder ihr Wissen über Redebegleitsätze und Verben des Sagens und wenden es produktiv an.

Lösung

Aufgabe 1:

antwortete – antworten, fiel ins Wort – ins Wort fallen, erwiderte – erwidern, sagte – sagen, begann – beginnen, murmelte – murmeln, heulen – heulen, erzählte – erzählen, flüsterte – flüstern, rief/riefen – rufen, schrien/schrie – schreien, brüllte – brüllen, forderte auf – auffordern, schluchzte – schluchzen

Aufgabe 2:

antworten, sagen, rufen, schreien

Die Verben „sagen“ und „antworten“ sind neutral und passen zu vielen Sätzen. Die Verben „rufen“ und „schreien“ zeigen in diesem Kapitel die Lautstärke des Streits zwischen Mogli, Shir Khan und den Wölfen an.

KV Seite 41

Im Dorf der Menschen

Nach der Lektüre des siebten Kapitels festigen die Schüler hier ihr Textverständnis. Alternativ zur selbstständigen Bearbeitung wird der erste Abschnitt in Aufgabe 1 als eine Übung zum Hörverstehen eingesetzt. Dafür lesen Sie den Anfang des Kapitels bis zum ersten Absatz auf Seite 52 zweimal vor und die Kinder bearbeiten die ersten zwölf Sätze. Anschließend beenden sie die Lektüre des Kapitels eigenständig und kreuzen die übrigen Sätze richtig an.

Lösung

Aufgabe 1:

richtige Sätze: Am nächsten Morgen machte sich Mogli auf den Weg zu den Menschen. (N)
Die Menschen erschienen den Dschungelbewohnern als rätselhafte Wesen. (E)
Nach vielen Stunden erreichte er ein unbekanntes Dorf. (H)
Die Menschen bemerkten, dass Mogli dem Sohn Messuas ähnelte, den der Tiger geholt hatte. (C)
Messua nahm den Jungen mit und gab ihm ein Zuhause. (S)
Mogli sah in der Hütte viele merkwürdige Gegenstände. (N)
Mogli wollte schnell die Menschensprache lernen und sprach Messua alle Wörter nach. (E)
Mogli schlief in der ersten Nacht draußen im Gras. (M)

In den folgenden drei Monaten lernte Mogli die Sitten und Gebräuche der Menschen. (E)
Kleidung zu tragen war ihm unangenehm. (H)
Mogli wunderte sich, warum sich die Menschen mit dem Pflanzen so plagten. (C)
Mogli bekam die Aufgabe, die Büffelherde zu hüten. (A)
Bei den Tieren fühlte sich Mogli wohler als bei den Menschen. (R)
Schnell wurde er zum Oberhirten und ritt auf Ramas Rücken. (P)
Mogli war allein für die Büffel zuständig. (S)

Aufgabe 2:

Lösungswort: MENSCHENSPRACHE

KV Seite 42

Das Leben im Dorf

Mithilfe dieser Kopiervorlage versetzen sich die Kinder an die Stelle Moglis, als er aus dem Dschungel zu den Menschen kommt und viele neue Erfahrungen macht. Zunächst wählen sie elf Dinge bzw. Tätigkeiten aus, denen Mogli im Dorf zum ersten Mal begegnet. Hier spielt auch der geschichtliche Kontext eine Rolle (Smartphone, Elektroherd, Rasierapparat etc. scheiden deshalb aus). Anschließend werden die Schüler zum kreativen Schreiben angeregt und verfassen eine Nachricht aus Moglis Perspektive an seine Freunde im Dschungel, in der er ihnen vom Leben im Dorf berichtet.

Lösung

Aufgabe 1:

eingekreiste Begriffe: Kochtopf, Menschensprache, Bettgestell, Spiegel, Tongefäß, Götterbild, in einem Bett schlafen, Kleidung tragen, mit Geld umgehen, säen, unter einem Dach wohnen

8. und 9. Kapitel: **Mogli besiegt Shir Khan**

Inhalt

Eines Tages begegnet Mogli beim Hüten der Büffel dem Wolf Grauer Bruder. Dieser warnt ihn vor Shir Khan, der ihm in der Nacht auflauern will. Mogli plant, dem Tiger eine Falle in der Waingangaschlucht zu stellen. Zusammen mit Grauer Bruder, Akela und der Büffelherde schließt er Shir Khan in der Schlucht ein, in der dieser von den Büffeln zu Tode getrampelt wird. Als Mogli den Tiger häutet, kommt der Jäger Buldeo hinzu und fordert die Herausgabe des Tiers. Da Mogli sich weigert und Akela auf ihn hetzt, glaubt der Jäger an Zauberei und erzählt dies im Dorf. Daraufhin wird Mogli vertrieben. Wieder im Dschungel geht der Junge mit dem Tigerfell zum Ratsfelsen. Die verwahrlosten Wölfe wünschen sich Akela und Mogli als Anführer zurück. Doch Mogli beschließt, ohne Rudel zu leben, mit seinen Freunden und seiner Wolfsfamilie.

Gesprächs- und Schreibanlässe

Mogli hat einen Plan, wie er Shir Khan besiegen kann.
- Worin besteht sein Plan? Erkläre.
- Wie findest du ihn?
- In welcher Situation hast du dir schon einmal einen Plan gemacht? Wie hat er funktioniert?

Mogli stellt Shir Khan eine Falle.
- Welche anderen Möglichkeiten hätte es gegeben, den Tiger einzufangen?
- Hast du schon einmal jemandem eine Falle gestellt? Wie hast du dich dabei gefühlt? Wie hat die Person reagiert?
- Hat dir schon einmal jemand eine Falle gestellt?

Buldeo fordert von Mogli das Tigerfell.
- Wie findest du Buldeos Verhalten?
- Was hältst du von Moglis Reaktion?
- Wie würdest du an Moglis Stelle handeln?

Der Jäger glaubt, dass Mogli magische Fähigkeiten hat, und hetzt die Dorfgemeinschaft gegen ihn auf.
- Wie kommt er darauf, dass Mogli Zauberkräfte besitzt?
- Warum schürt er den Hass gegen Mogli?
- Wie verhalten sich die Menschen im Dorf?

Mogli geht mit den beiden Wölfen nach Hause in den Dschungel.
- Wie fühlt sich Mogli?
- Was ist ein Zuhause?
- Wo bist du zu Hause?

Das Wolfsrudel ist abgemagert und verwahrlost.
- Woran liegt das? Was fehlt den Wölfen?
- Warum ist eine Leitung wichtig? Denke zum Beispiel an die Verhältnisse in deiner Schule oder deiner Familie.

Mogli lebt von nun an mit seinen Freunden und seiner Familie im Dschungel.
- Wer gehört dazu?
- Warum ist er nicht mehr im Wolfsrudel?
- Wer gehört zu deinen Freunden und deiner Familie?
- Wie wird es Mogli wohl in Zukunft ergehen?

Hinweise zu den Kopiervorlagen

KV Seite 43

Tiger! Tiger!

Die Kopiervorlage dient zur Überprüfung der Textkenntnis des achten Kapitels. Zentrale Begriffe werden als Purzelwörter dargestellt. Die Schüler suchen die richtigen Wörter im Buch, notieren sie und schreiben jeweils den passenden Satz ins Heft. Bei Aufgabe 2 erläutern sie die Bedeutung der Sätze im Klassengespräch.

Lösung

Aufgabe 1:

Morgendämmerung: „In der Morgendämmerung hat er ein Schwein gerissen und getrunken hat er auch", antwortete Grauer Bruder. (S. 54)
schnaubenden: Sie drängten sich zwischen die schnaubenden, stampfenden Tiere und teilten die Herde in zwei Gruppen. (S. 55)
Abrechnung: „(…) Die Zeit der Abrechnung ist gekommen, du elender Viehdieb!" (S. 56)
Geier: Er war tot und die Geier kreisten schon über ihm. (S. 58)
schmücken: „Sein Fell wird den Ratsfelsen schmücken." (S. 58)
Zauberei: Das war Zauberei der schlimmsten Art. (S. 60)
Priester: Dort erzählte er eine Geschichte von magischen Kräften und Zauberei, die den Priester sehr ernst werden ließ. (S. 60)
diesmal: „Das letzte Mal, weil ich ein Mensch war, und diesmal, weil ich ein Wolf bin." (S. 61/62)

KV Seite 44

Moglis Siegeslied

Auf der Kopiervorlage finden die Schüler einen Auszug aus der deutschen Übersetzung des Originaltexts von Rudyard Kipling. Zum besseren Verständnis lesen Sie den Text gemeinsam mit der Klasse und klären unbekannte Wörter. Die anschließenden Aufgaben helfen den Kindern, den Kontext und den Inhalt des Liedes zu erfassen. In der Diskussion können Sie auch auf sprachliche Aspekte eingehen und z. B. die unterschiedlichen Zielgruppen von Rudyard Kiplings Buch (Jugendliche und Erwachsene) und von Manfred Mais Neuerzählung (Kinder) ansprechen. Auch Moglis zwiespältige Gefühle am Ende des Liedes bieten Anlass zur Diskussion.

Lösung
Aufgabe 2:
1. Die Überschrift lautet „Moglis Siegeslied", weil Mogli darin von seinem Kampf mit Shir Khan und seinem Sieg über ihn berichtet.
2. Shir Khan (rot): unterstrichen
der Fluss Wainganga (blau): gestrichelt
Wölfe (grün): *kursiv*

Ich, Mogli, singe mein Lied des lauschenden Dschungels von meinen Taten – Shir Khan sagte, er wollte ihn töten, den Frosch, im Zwielicht des Morgens werde er Mogli töten! Er aß und trank.

Trinke tief, Shir Khan, denn wann wirst du wieder trinken? Schlafe und träume von Mord. Allein bin ich auf grünen Gründen. *Graubruder, komm her, auch du, Einsiedlerwolf, denn hier ist herrliche Beute. Treibe die Büffeltiere, die blau schimmernden Leitstiere mit den bösen Augen. Hetze sie hin und her nach meinem Willen.*

Schläfst du noch, Shir Khan? So wach doch auf! Hier komme ich und hinter mir Rama, der König der Büffel. Er stampft den Boden. Wasser des Wainganga, wohin ging Shir Khan? (...)

Oh, da ist er! Aha! Da liegt er unter den Füßen Ramas, der Lahme!

Auf! Shir Khan, auf! Und töte, hier ist Beute! Brich den Nacken der Stiere!

Leise, leise! Er schläft! Nur nicht wecken, nur nicht wecken den Gewaltigen, denn seine Kraft ist groß! (...)

Bei dem Stier, der mein Kaufpreis war, ich habe einen Schwur getan, einen kleinen Schwur! Nur noch deinen Pelz brauche ich, Shir Khan, um mein Wort zu erfüllen! (...)

Hilf reißen, Graubruder! Hilf ziehen, Akela! Schwer ist das Fell des gewaltigen Shir Khan. (...)

Ihr Wasser des Wainganga! Der Menschen Rudel stieß mich aus. Ich tat ihnen kein Leid, und dennoch fürchten sie mich. Sagt mir, warum? *Du Rudel meines Volkes ... Du Rudel der Wölfe ... auch ihr habt mich ausgestoßen. Der Dschungel ist mir verschlossen und der Menschen Hütten auch! Sagt mir, warum? (...)*

Heißa! Ich tanze auf dem blutigen Felle Shir Khans! Doch mein Herz ist so schwer! Sie trafen mich mit den Steinen vom Weg: Es blutet mein Mund. Doch jubelt mein Herz: denn zurück bin ich im Dschungel. (...)

3. In Zeile 7 („Schläfst du noch, Shir Khan? So wach doch auf!") ist Shir Khan noch am Leben: Hier kündigt Mogli ihm sein Kommen an. In Zeile 9 („Oh, da ist er! Aha! Da liegt er unter den Füßen Ramas, der Lahme!") stirbt Shir Khan, weil der Leitbüffel Rama über ihn hinwegtrampelt. Wenn Mogli danach vom „Schlaf" des Tigers spricht, meint er dies ironisch, weil Shir Khan bereits tot ist.

KV Seite 45

Mit den Augen eines Malers
Der französische Künstler und Autodidakt Henri Rousseau malte unzählige Urwaldbilder, obwohl er Frankreich nie verließ. Sein Stil wird der Naiven Kunst zugeordnet, die Kinder oft beeindruckt. Über das Internet (z. B. über die Suchleiste von *www.kunstmuseumbasel.ch*) kann sein Werk „Urwaldlandschaft mit untergehender Sonne" (um 1910) aufgerufen und an die Wand projiziert werden. Auf dem Gemälde findet ein Kampf zwischen einem Eingeborenen und einem wilden Tier (Jaguar) statt. Gemeinsam betrachten die Kinder das Bild. Folgende Fragestellungen helfen bei der Bilderschließung:

- Welche Art von Farbe und welchen Untergrund hat der Maler wohl verwendet? (Antwort: Öl auf Leinwand)
- Wie viele verschiedene Grüntöne erkennst du?
- Passt der Titel „Urwaldlandschaft mit untergehender Sonne" zu dem Bild?

Anschließend beantworten die Schüler die Fragen auf dem Arbeitsblatt. Für die dritte Aufgabe benötigen sie einen Farbmalkasten (mit den Grundfarben Gelb, Blau und Rot) und verschiedene Pinsel.

Lösung
Aufgabe 1:
Ich sehe einen Urwald mit vielen Gräsern, Blumen, Kakteen und zwei hohen Bäumen. Die Blätter der Gewächse haben unterschiedliche Grüntöne. In der Mitte des Bildes

kämpft ein dunkelhäutiger nackter Mann mit einem Jaguar. Am Himmel darüber geht die rote Sonne unter.

Aufgabe 2:
Das Bild passt gut zum achten Kapitel, da darauf ein Urwald zu sehen ist und ein Mann mit einem wilden Tier kämpft. Im Unterschied zum Buch ist auf diesem Bild jedoch ein Zweikampf dargestellt.

Weiterführende Anregungen
- Erarbeiten Sie gemeinsam mit den Schülern den Lebenslauf Henri Rousseaus (s. Infokasten unten).
- Rousseau malte weitere Bilder, die sich thematisch für eine Bildbetrachtung eignen, z. B. „Kampf zwischen Tiger und Büffel", „Tiger im Tropensturm", „Exotische Landschaft mit Tigern und Jägern" oder auch „Henri Rousseaus Traum".
- Die Schüler vergleichen ihre eigene Darstellung des Dschungels (s. „Mein Dschungelbild", S. 38) mit dem Bild Rousseaus. Wo finden sich Gemeinsamkeiten, wo Unterschiede, vor allem in Bezug auf die Maltechnik?

Das Leben des Henri Rousseau
Henri Rousseau wurde 1844 in Frankreich geboren. Er arbeitete in Paris als Zöllner und war nie auf einer Kunstakademie. Rousseau brachte sich alle Maltechniken selbst bei. Er verließ Frankreich nicht, liebte aber ferne Länder. Er besuchte oft Zoos und Parks und machte dort Skizzen von Pflanzen und Tieren. Er malte viele Urwaldbilder, ohne jemals einen richtigen Dschungel gesehen zu haben. Henri Rousseau starb 1910 in Paris.

KV Seite 46

Wieder zu Hause
Diese Kopiervorlage eignet sich für den Einsatz im Plenum. Mithilfe der Satzteile auf den Karten werden vollständige Sätze gebildet, die aneinandergereiht den Inhalt des neunten Kapitels wiedergeben. Schneiden Sie die Karten aus und geben Sie jedem Schüler eine Karte. Wenn die Anzahl der Karten nicht ausreicht, kann die Klasse in Gruppen aufgeteilt werden, die jeweils ein Set erhalten. Falls es mehr Karten als Schüler gibt, können Sie einzelne Satzpaare weglassen.

Zuerst wird geklärt, welche Kinder (nummerierte) Satzanfänge und welche (nicht nummerierte) Satzenden erhalten haben. Das Kind mit der ersten Karte („Kurz vor Tagesbeginn kehrte Mogli ...") beginnt: Es liest seinen Satzanfang laut vor. Wer glaubt, dass er das zugehörige Satzende hat, meldet sich und liest seine Karte vor. Nachdem die richtige Lösung gefunden wurde, liest der Schüler mit dem zweiten Satzanfang („Mogli rief der Wolfsmutter zu ...") seine Karte vor und der passende Satzanschluss wird gesucht. Auf diese Weise setzen die Kinder die Karten schrittweise zu einer Inhaltsangabe des neunten Kapitels zusammen.

Die Karten können auch in Partner- oder Kleingruppenarbeit aneinandergefügt und in der richtigen Reihenfolge auf ein Blatt Papier geklebt werden.

Nach der Lektüre

Die beiden Kopiervorlagen zu diesem Abschnitt dienen der spielerischen Wiederholung und Festigung des erworbenen Wissens sowie der Vertiefung und Weiterführung des Themas „Wolfskinder". Darüber hinaus werden Möglichkeiten vorgestellt, wie die Lektürearbeit kreativ und lebendig abgeschlossen werden kann.

Hinweise zu den Kopiervorlagen

KV Seite 47

Wolfskinder
Mithilfe dieser Kopiervorlage wird die fiktive Geschichte von Mogli in Bezug zur Realität gesetzt. Zunächst machen sich die Schüler klar, dass die Handlung von „Das Dschungelbuch" erfunden ist, und suchen inhaltliche Begründungen dafür. Anschließend erfahren sie, dass es jedoch tatsächlich Kinder wie Mogli gibt, sogenannte „Wolfskinder" (s. Infokasten, S. 18). So berichteten die Medien im Frühjahr 2017 von dem Fall des indischen „Affenmädchens", der auch auf diesem Arbeitsblatt vorgestellt wird. Besprechen Sie anhand des Textes mit der Klasse den Aufbau eines Zeitungsartikels (s. Infokasten, S. 18). Der Bericht über das Affenmädchen dient als Beispiel für einen eigenen Zeitungsartikel, den die Schüler in der dritten Aufgabe verfassen.

Lösung
Aufgabe 1:
Dass die Geschichte erfunden ist, erkennt man daran, dass die Tiere miteinander sprechen können. Außerdem ist Mogli in der Lage, sich mit den Tieren in ihren verschiedenen Sprachen zu verständigen. Nicht realistisch ist auch die Tatsache, dass der Junge als Baby den Angriff eines Tigers überlebt hat und von den anderen Tieren (Wölfen, Panther, Bär) nicht angegriffen wird.

Wolfskinder
Als Wolfskinder werden Menschen bezeichnet, die eine Zeit lang isoliert, z. B. in Wäldern oder einsamen Gegenden, aufgewachsen sind. Häufig laufen sie auf Händen und Füßen, sprechen nicht und essen Früchte oder rohes Fleisch. Oft schlafen sie tagsüber und sind nachts wach.

Der Aufbau eines Zeitungsartikels
Ein Zeitungsartikel ist folgendermaßen gegliedert:
1. Überschrift
2. Unterüberschrift
3. Einleitung: In den ersten Sätzen des Zeitungsartikels werden die W-Fragen (Wer? Was? Wo? Wann? Wie? Warum?) beantwortet. Sie bilden den „Aufhänger“ für den anschließenden Bericht.
4. Hauptteil: Hier wird das Thema des Artikels, das bereits in der Einleitung vorgestellt wird, ausführlicher beschrieben.
5. Schluss: Der Artikel kann mit einem zusammenfassenden Satz oder mit einem Ausblick, z. B. einer rhetorischen Frage (Was haben wir als Nächstes zu erwarten? Wird sich dieser Vorgang wiederholen?), enden.

KV Seite 48

Dschungelbuch-Quiz
Dieses Arbeitsblatt dient zur Wiederholung und Sicherung des Gelesenen. Die Schüler stellen sich mit einem Partner gegenseitig Quizfragen. Das Spiel kann durch zusätzliche Fragen erweitert und für ein Klassenquiz verwendet werden.

Weiterführende Anregung
Die Kinder überlegen in Kleingruppen, an welchen Orten die Geschichte spielt (Wolfshöhle, Ratsfelsen, Kalte Stadt, Menschendorf, Wainganga-Schlucht), und fertigen einen Lageplan dazu an. Dieser Plan dient als Spielbrett. Darauf werden Felder (inklusive einem Start- und einem Zielfeld) eingezeichnet, auf denen sie Spielfiguren (Münzen, Radiergummis o. Ä.) bewegen können. Die Quizkarten dienen als Fragekarten, die auf dafür gekennzeichneten Feldern eingesetzt werden. Gemeinsam entwickeln die Schüler Regeln für ihr Würfelspiel.

Weitere Unterrichtsvorschläge

- Im Anschluss an die Lektüre verfassen die Kinder eine Buchempfehlung nach den hier aufgeführten Kriterien (s. Infokasten unten).
- Der Titel dient als Ausgangspunkt für ein Akrostichon. Zu diesem Zweck werden die einzelnen Buchstaben von „DAS DSCHUNGELBUCH“ untereinander aufgeschrieben. Jeder Buchstabe ist der Anfangsbuchstabe eines neuen Wortes, das zum Inhalt der Lektüre passt (z. B. D: Dorfbewohner, A: Abenteuer, S: Schlange usw.).
- Als Abschluss der Unterrichtseinheit feiert die Klasse ein indisches Fest, zu dem auch die Eltern eingeladen werden. Die Schüler schmücken das Klassenzimmer passend und spielen die eingeübte Klanggeschichte oder den „Dschungel-Rap“ vor. Auf einem Büfett werden verschiedene indische Speisen wie Lassi, Curry, Fladenbrote und Obstteller angeboten. Das Essen wird am Boden sitzend zu sich genommen. Bei geeigneten Gerichten können auch die Hände als „Besteck“ benutzt werden.

Buchempfehlung
Eine Buchempfehlung ist ein Sachtext, der den Inhalt des Buches wiedergibt und dem Leser erklärt, warum er dieses Werk unbedingt lesen soll. Dabei werden folgende Fragen und Arbeitsaufträge berücksichtigt:
1. Hast du das Buch gerne gelesen? Begründe genau.
2. Welche Figur oder welche Textstelle hat dir besonders gut gefallen?
3. Was mochtest du nicht besonders?
4. Beschreibe deine Lieblingsfigur.
5. Hast du beim Beginn des Lesens erwartet, dass die Geschichte so endet?
6. Wie hat dir der Schreibstil des Autors gefallen?
7. Kannst du das Buch weiterempfehlen? Warum (nicht)?

Name:

Mein Lesebegleiter

Fülle den Lesebegleiter für jedes Kapitel aus.

1. Dieses Kapitel heißt: ______________________________

2. Mein Lieblingssatz steht auf Seite [ ], in Zeile [ ].

3. Diese Wörter passen zu dem Kapitel:

interessant spannend schön lustig traurig

unterhaltsam langweilig ____________

____________ ____________ ____________

4. Das passiert in diesem Kapitel:

____

____

5. Wie könnte es weitergehen?

____

____

6. Kreuze an, wie alt Mogli in diesem Kapitel ungefähr ist. Er ist …

- [ ] ein Jahr alt, weil ______________________________
- [ ] sechs Jahre alt, weil ______________________________
- [ ] zwölf Jahre alt, weil ______________________________

Name:

lesen | schreiben | rätseln | malen/basteln | sprechen | singen

Lese-Leporello

Schreibe die Überschrift zu jedem Kapitel auf. Male ein Bild dazu oder schreibe passende Wörter auf. Schneide beide Streifen aus.

✂

Klebe den 2. Streifen hier an.

4. Kapitel

3. Kapitel

2. Kapitel

1. Kapitel

9. Kapitel

8. Kapitel

7. Kapitel

6. Kapitel

5. Kapitel

Name:

lesen | schreiben | rätseln | malen/basteln | sprechen | singen

Rudyard Kipling

Lies die Informationen über Rudyard Kipling.

© Elliott & Fry

Rudyard Kipling in London, 1895

Ich wurde am 30. Dezember 1865 in Bombay in Indien geboren. Als ich fünf Jahre alt war, schickten mich meine Eltern zusammen mit meiner Schwester zu Pflegeeltern nach England. 1877 kam meine Mutter nach England und wir konnten wieder bei ihr leben. Mit fast 17 Jahren zog ich zurück nach Indien in die Stadt Lahore, die heute zu Pakistan gehört. Ich arbeitete dort als Redakteur für eine Zeitung und bereiste ganz Indien. Nebenbei schrieb ich Kurzgeschichten. 1889 kehrte ich nach England zurück. 1892 heiratete ich meine Frau Caroline und wir lebten in den USA. Dort schrieb ich auch „Das Dschungelbuch" und „Das zweite Dschungelbuch". Meine Frau und ich bekamen drei Kinder. 1896 gingen wir wieder nach England. 1907 wurde mir der Literaturnobelpreis verliehen.

Ergänze den Lebenslauf Rudyard Kiplings.

Geboren am: ____________________

Als Kleinkind lebte er in ____________.

Dann wuchs er bei ____________ in ____________ auf.

Mit fast ______ Jahren kehrte er nach ____________ zurück und arbeitete dort als ____________.

Nebenbei schrieb er ____________________.

Er war verheiratet mit ____________. Sie hatten ______ Kinder.

Gestorben ist er am 18. Januar 1936. Er wurde ______ Jahre alt.

Name:

lesen schreiben rätseln **malen/basteln** sprechen singen

Mein Lapbook über Indien (1)

Lies den Text über Indien. Fülle den Länder-Steckbrief auf Seite 24 aus und schneide ihn aus. Klebe ihn an die Karte von Indien und klappe ihn um.

Indien liegt in Südasien. Das Land ist mehr als neunmal so groß wie Deutschland. Es hat ungefähr 1,3 Milliarden Einwohner. Zum Vergleich: In Deutschland leben rund 82 Millionen Menschen. Von Juli bis September herrscht in großen Teilen Indiens die Regenzeit, der Monsun. Von April bis Juni ist Trockenzeit und es ist sehr heiß. Neu-Delhi ist die Hauptstadt. In dem demokratischen Land gibt es 29 Bundesstaaten. Hindi und Englisch sind die beiden Landessprachen. Außerdem werden noch mehr als 21 weitere Sprachen gesprochen. Die meisten Inder sind Hindus, der Rest sind Muslime, Christen, Sikhs und Buddhisten. Ein Drittel der indischen Bevölkerung ist sehr arm. Jeder vierte Inder kann nicht lesen und schreiben. Oft dürfen nur Jungen die Schule besuchen und die Mädchen müssen zu Hause bleiben.

Sieh dir die Karte von Indien an. Male den Bundesstaat Madhya Pradesh farbig an. Hier spielt „Das Dschungelbuch“. Schneide die Karte aus und klebe sie in dein Lapbook.

✂

Klebe den Länder-Steckbrief hier an.

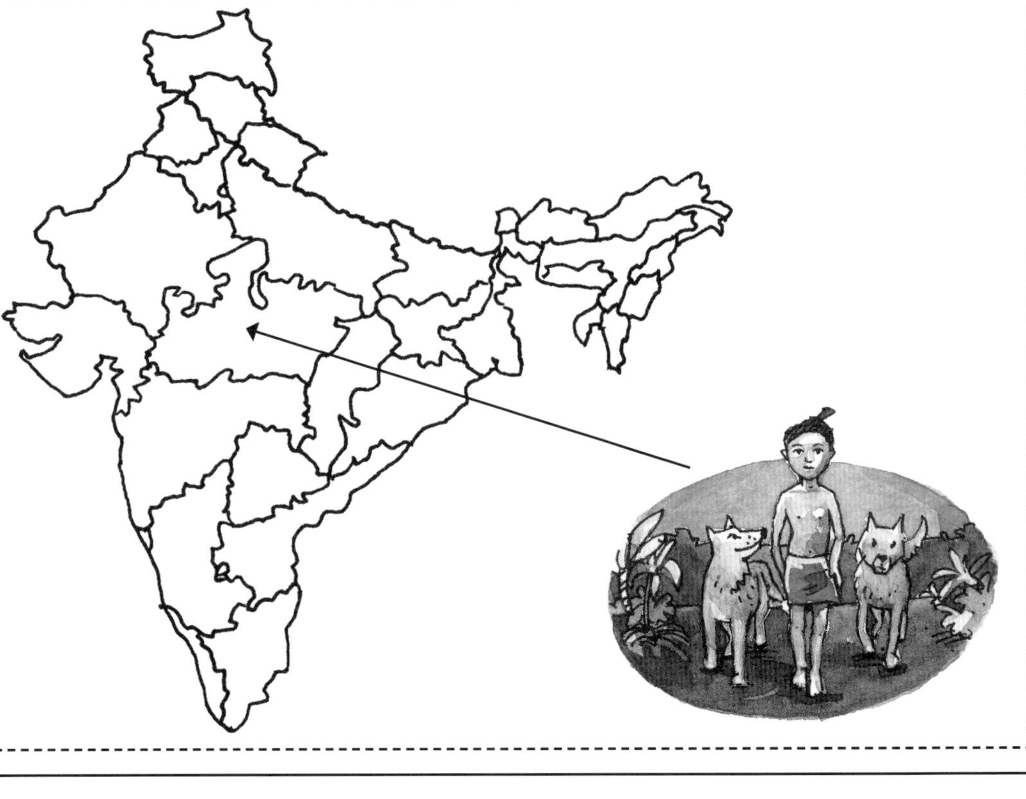

Name:

lesen schreiben rätseln malen/basteln sprechen singen

Mein Lapbook über Indien (2)

Lies die Informationen. Suche auf Seite 24 jeweils die passende Vorlage. Schreibe hinein oder male aus. Schneide die Vorlagen aus und klebe die Flagge und die Rechenaufgabe hinten auf den Länder-Steckbrief.

Die indische Landesflagge ist in drei Teile geteilt. Der obere Streifen ist safrangelb (ein helles Orange), der mittlere weiß und der untere grün. Die Farbe Safrangelb steht für Mut, Weiß für Wahrheit und Frieden und Grün für Glauben, Wohlstand und Treue. In der Mitte befindet sich ein marineblaues Rad, das sogenannte Chakra. Es symbolisiert die Ewigkeit der Welt, die keinen Anfang und kein Ende hat. Die 24 Speichen stellen die 24 Stunden des Tages dar.

Etwa 600 Millionen Menschen, vor allem in Nord- und Zentralindien, gebrauchen die Sprache Hindi. Sie hat eigene Schriftzeichen, die sich von den Buchstaben unseres Alphabets unterscheiden. So werden in Indien die Ziffern von 0 bis 9 geschrieben:

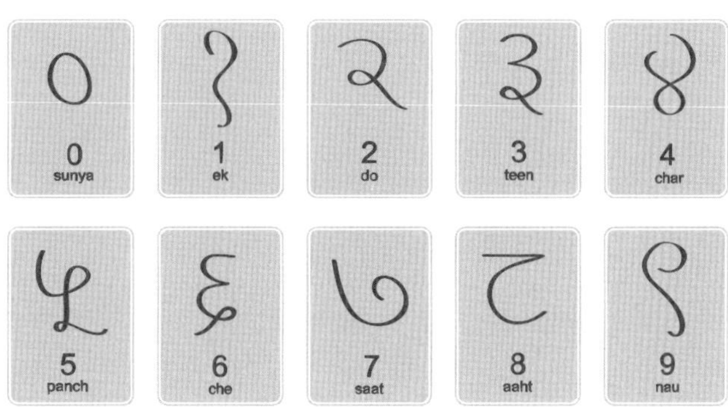

Der Hinduismus ist die drittgrößte Religion der Welt und kommt ursprünglich aus Indien. Seine Anhänger werden Hindus genannt. Der Hinduismus verbindet verschiedene Glaubensrichtungen. Allen Hindus ist gemeinsam, dass sie an die heilige Kraft „Brahman“, an die Wiedergeburt und an die Erlösung glauben. Es gibt viele verschiedene Gottheiten, die in Tempeln verehrt werden. Eine der beliebtesten ist Ganesha. Er hat die Gestalt eines Elefanten und sorgt für Wohlstand und Glück.

Mein Lapbook über Indien (3)

Länder-Steckbrief

✂

Ländername: ____ Einwohnerzahl: ____

Klima: ____

Hauptstadt: ____ Landessprachen: ____

wichtigste Religion: ____

Flagge

✂

Eine Rechenaufgabe auf Hindi

✂

Hier kannst du eine Rechenaufgabe mit indischen Zahlen aufschreiben.

Meine Rechenaufgabe:

Hinduismus

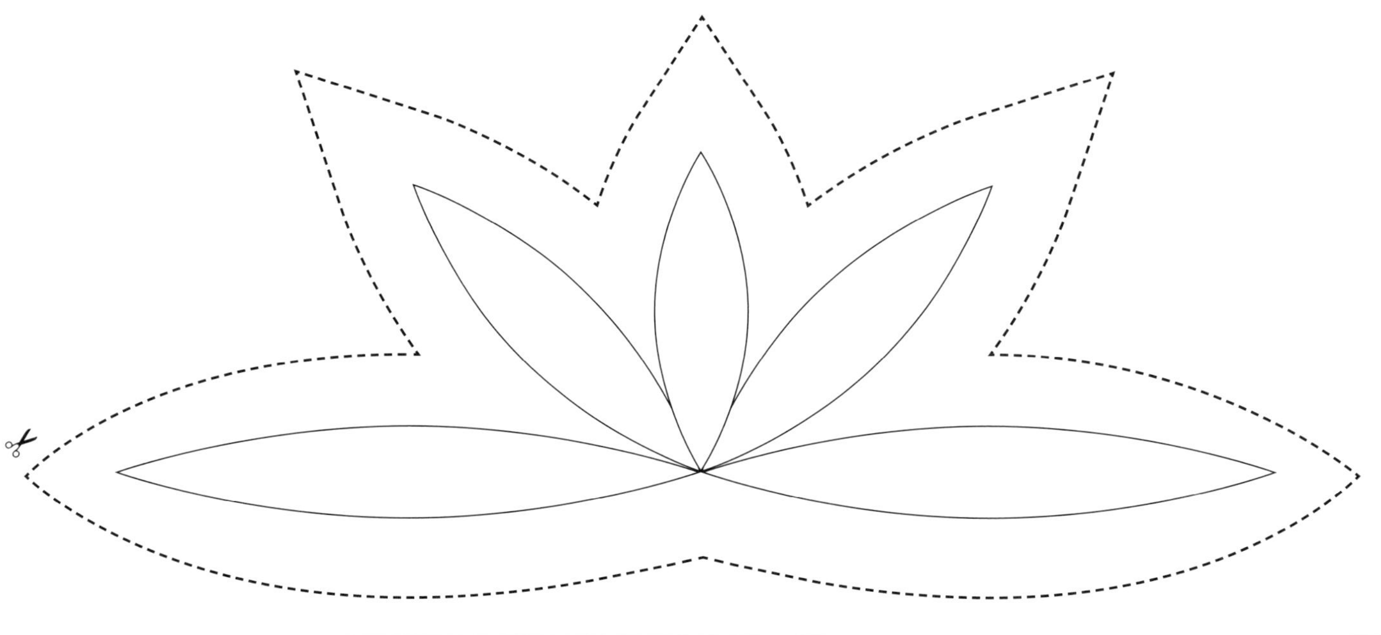

Moglis Brüder

Beantworte die Fragen. Schreibe zu den Fragen 2 bis 6 ganze Sätze.

1. Zu welcher Tageszeit und zu welcher Jahreszeit fängt die Geschichte an?

Tageszeit:

Jahreszeit:

2. Nenne zwei Gründe, warum Tabaki von den Wölfen verachtet wird.

3. Gegen welches Dschungelgesetz verstößt Shir Khan?

4. Was entdeckt Vater Wolf im Gebüsch vor der Wolfshöhle?

5. Warum geben die Wölfe Shir Khan das Menschenjunge nicht?

6. Wie nennt Mutter Wolf den Kleinen? Welche Bedeutung hat der Name?

Name:

lesen schreiben rätseln malen/basteln sprechen singen

Der Wolf

Lies den Text über den Wolf.

Der Wolf ist ein Raubtier und gehört zur Familie der Hunde. Es gibt viele Unterarten, zum Beispiel den Europäischen und den Indischen Wolf. Der Indische Wolf ist eine der kleinsten Unterarten. Er ist hager, sein Fell ist gelbbraun, sandfarben oder rötlich und sehr kurz und dicht. Der Indische Wolf lebt vor allem in Wüsten, aber auch in regenreichen Regionen. Heute gilt er als stark gefährdet, da seine natürlichen Nahrungsquellen wie Antilopen und Nagetiere immer mehr verschwinden. Deshalb ernährt er sich oft von Haustieren und Abfällen.

© L. Medland

Lies den Text über das Wolfsrudel.

Wölfe leben in Familiengemeinschaften, sogenannten Rudeln. Dazu gehören meist das Elternpaar und ihre Nachkommen bis zum Alter von drei Jahren. Spätestens dann verlassen die Jungtiere ihre Familie und gründen ein eigenes Rudel. In der Regel gehören fünf bis zwölf Tiere zu einem Rudel.

Vergleiche mit dem Wolfsrudel im Buch. Schreibe die Unterschiede auf.

Erkundigt euch bei Experten oder im Internet, ob es in Deutschland Wölfe gibt. Diskutiert, warum die Menschen Angst vor Wölfen haben.

Name:

lesen schreiben **rätseln** malen/basteln sprechen singen

Vor dem Rat der Wölfe

Wahr oder falsch? Markiere jeweils den richtigen Buchstaben farbig.

	wahr	falsch
1. Die Wölfe versammeln sich bei Vollmond am Ratsfelsen.	B	M
2. Vater Wolf geht ohne seine Familie zur Versammlung.	A	R
3. Das Rudel passt auf alle Jungen auf und beschützt sie.	A	G
4. Als letztes Junges wird Mogli ins Mondlicht geschoben.	U	H
5. Shir Khan fordert die Herausgabe von Akela.	R	N
6. Der Eisbär Balu stimmt für Mogli.	A	B
7. Balu will Mogli wie die anderen Wolfsjungen unterrichten.	Ä	M
8. Viele der Wölfe haben keinen Respekt vor Baghira.	O	R
9. Baghira bezahlt das Leben Moglis mit einem fetten Ochsen.	B	G
10. Alle Wölfe stimmen am Ende für die Aufnahme Moglis in das Rudel.	A	L
11. Akela glaubt nicht, dass Mogli eines Tages eine große Hilfe sein wird.	I	L
12. Zum Schluss sind alle zufrieden mit dem Ausgang der Ratsversammlung.	B	U

Trage die Buchstaben der Reihe nach ein.
Wenn deine Antworten richtig sind, erhältst du zwei Lösungswörter.

1	2	3	4	5	6	7	8

9	10	11	12

Name:

lesen schreiben rätseln malen/basteln sprechen singen

Das Gesetz des Dschungels

Welche Gesetze gelten im Dschungel? Schreibe sie auf.

1. Gesetz (Seite 8):

2. Gesetz (Seite 13):

3. Gesetz (Seite 15):

Welches Gesetz findest du besonders wichtig? Begründe deine Antwort.

Ich finde Gesetz Nummer ☐ besonders wichtig, weil

Welche Regeln gelten in unserer Klasse? Diskutiert darüber.
Schreibe Stichworte auf die Gesetzestafeln.

Name:

lesen schreiben rätseln malen/basteln sprechen singen

Mogli lernt fleißig

Löse das Kreuzworträtsel und schreibe das Lösungswort auf.

1. Welche giftigen Tiere verstecken sich im Teich?
2. Mogli hängt beim Klettern am Ast wie ein …
3. „Ich habe Hunger, lasst mich hier jagen!“, lautet der …
4. Baghira bringt Mogli das … bei.
5. Moglis Wolfseltern lehren ihn das leise … im Gras zu verstehen.
6. Vater Wolf bringt Mogli auch das … bei.
7. Bald schwingt sich Mogli geschickt wie die Affen durch die …
8. Welche Tiere kratzen an den Ästen?
9. Mogli will sich im Teich abkühlen und …
10. Das geschickteste Wolfsjunge heißt … Bruder.
11. Seite 24, zweiter Absatz, zwölftes Wort
12. Mogli bekommt von Balu einen sanften …, wenn er einen Merksatz nicht kann.
13. In Moglis Kopf brummt es wie in einem …

Das Lösungswort lautet:

1	2	3	4	5	6	7	8	9	10	11	12

.

Name:

In der Dschungelschule

Mogli wächst bei Tieren auf und besucht keine Schule. Trotzdem lernt er einiges.

Wer sind die Lehrer in der „Dschungelschule“? Schreibe auf.

Entwirf einen „Stundenplan“ für Mogli, in dem steht, was er alles lernt.

	Montag	Dienstag	Mittwoch	Donnerstag	Freitag
1. Stunde morgens					
2. Stunde nach-mittags					
3. Stunde abends					
4. Stunde nachts					
5. Stunde nachts					

Welches Dschungeltier hättest du gerne als Lehrer und was möchtest du von ihm lernen? Sprich mit deinem Partner.

Name:

lesen schreiben rätseln malen/basteln sprechen **singen**

Dschungel-Rap

Sprecht das Lied rhythmisch im Takt. Benutzt für die Pausen passende Instrumente.

Name:

lesen schreiben **rätseln** malen/basteln sprechen singen

Die Affen kommen

Was stimmt? Kreuze jeweils das richtige Satzende an.
Trage den Lösungsbuchstaben unten ein.

1. Zum Mittagsschlaf suchen sich …
   - ☐ Balu und Mogli ein schattiges Plätzchen. **(A)**
   - ☐ Balu, Baghira und Mogli ein sonniges Plätzchen. **(B)**
   - ☐ Balu, Baghira und Mogli ein schattiges Plätzchen. **(D)**

2. Mogli spricht mit den Affen …
   - ☐ in der Menschensprache. **(I)**
   - ☐ in der Affensprache. **(E)**
   - ☐ in der Bärensprache. **(O)**

3. Balu weckt den Dschungel …
   - ☐ mit lautem Gebrüll. **(N)**
   - ☐ mit einem Liedchen. **(I)**
   - ☐ mit wildem Stampfen. **(M)**

4. Mogli spricht in Vogelsprache mit …
   - ☐ dem Affenkönig. **(G)**
   - ☐ Tschil, dem Geier. **(K)**
   - ☐ der Schlange Kaa. **(E)**

5. Balu hatte Mogli nicht vor …
   - ☐ den Affen geschimpft. **(K)**
   - ☐ der Schlange Kaa gewarnt. **(M)**
   - ☐ den Affen gewarnt. **(Z)**

6. Die Schlange Kaa ist das …
   - ☐ beinlose Wesen. **(T)**
   - ☐ armlose Wesen. **(S)**
   - ☐ vierbeinige Wesen. **(U)**

Das Lösungswort lautet:

1	2	3	4	5	2	6	6	2

L.

Name:

lesen schreiben rätseln malen/basteln sprechen singen

Mogli und die Dschungeltiere

Ordne Mogli und den Tieren jeweils zwei Eigenschaften zu.

mutig | hinterlistig | lautlos | gutmütig | klug | lahm

boshaft | laut | beinlos | alt | schnell | stark

streng | furchtlos | gefiedert | zornig | töricht | weise

Mogli

♪

Balu

♪

Baghira

♪

Affen

♪

Kaa

♪

Tabaki

♪

Akela

♪

Tschil

♪

Shir Khan

♪

Welches Musikinstrument passt zu wem? Wähle ein Instrument aus und schreibe es jeweils hinter die Note.

Name:

lesen schreiben rätseln malen/basteln **sprechen** **singen**

Eine Klanggeschichte (1)

Spielt die Geschichte von Moglis Entführung mit Musik nach.

1. Lest den Text.
2. Überlegt euch passende Geräusche und Instrumente für jeden Satz. Nehmt das Arbeitsblatt „Mogli und die Dschungeltiere“ zu Hilfe. Schreibt passende Instrumente und Geräusche in die rechte Spalte.
3. Ein Erzähler liest die Sätze vor. Nach den fett gedruckten Satzteilen und jedem Satz macht er eine Pause. Nun erklingen die Geräusche und Instrumente.

Sprechtext	Instrumente und Geräusche
Als es Zeit für ein Mittagsschläfchen war, suchten Balu, Baghira und Mogli **ein schattiges Plätzchen**.	sachte trommeln, sanft blasen und hauchen
Und es dauerte nicht lange, bis alle drei **eingeschlafen** waren.	Stille
Mitten im schönsten Schlaf spürte Mogli, wie **kleine, kräftige Hände** ihn an Armen und Beinen **packten** und ihn nach oben **zogen**.	
Erschrocken starrte er um sich und sah mehrere **Affen**.	
Da **schrie** Mogli: **„Hilfe! Hilfe!“**	
Der Bär **weckte** den Dschungel mit **lautem Gebrüll**, während der Panther mit **gefletschten Zähnen** am Stamm **hochsprang**.	
Kreischend und **jauchzend stürmten** die Affen mit Mogli davon, als hätten sie regelrechte **Straßen** dort oben.	
Obwohl ihm leicht **schwindlig** wurde und er **Angst** hatte, die Affen könnten ihn **fallen lassen**,	

Name:

lesen schreiben rätseln malen/basteln sprechen singen

Eine Klanggeschichte (2)

machte Mogli die **rasante Jagd** durch die Baumwipfel auch **Spaß**.	
Mogli entdeckte Tschil, den **Geier**, der über den Bäumen **kreiste** und nach Beute Ausschau hielt.	
Mogli **bat** Tschil **um Hilfe**.	
Tschil willigte **krächzend** ein, **stieg höher** und ließ die **Affenbande** nicht aus den Augen.	
Währenddessen **suchten** Balu und Baghira nach Kaa.	
Sie fanden die **Schlange** auf einer warmen Felsplatte in der **Nachmittags-sonne**.	
Balu und Baghira **berichteten** Kaa ihr Problem.	
Kaa **zischelte**: „Auch ich habe erlebt, wassss Liebe issst, und könnte euch Geschichten erzählen."	
Sie hörten über sich Tschil **rufen**: „He! Hallo!"	
Tschil **erzählte** ihnen, wo **Mogli** sich befand.	
Balu, Baghira und Kaa **bedankten sich** bei Tschil und **machten sich** sofort **auf den Weg**.	

Name:

lesen schreiben **rätseln** malen/basteln sprechen singen

Die Kalte Stadt

Bringe die Sätze in die richtige Reihenfolge.

	R	Mogli hoffte, dass seine Freunde ihn bald befreien würden.
1.	K	Die Stadt wurde vor langer Zeit auf einem Hügel erbaut. Obwohl sie in Trümmern lag, fand Mogli sie herrlich und wunderbar.
	M	Die Affen fielen über Baghira her und sperrten Mogli in einen zerfallenen Turm.
	A	Mogli war müde und hatte Hunger. Auf der Suche nach Essen wurde er von den Affen eingefangen und auf den Marktplatz zurückgebracht.
	L	Kaa befreite Mogli aus dem Turm, indem sie mit ihrem starken Kopf gegen die Mauer schlug.
	E	Kaa und Baghira lauerten im Graben und warteten auf Balu.
	O	Balu kam dazu und ließ die Affen mit seinen Pranken durch die Luft fliegen.
	B	Er versprach Kaa, seine Beute in Zukunft mit ihr zu teilen, wenn sie hungrig wäre.
	G	Nun griff auch Kaa in den Kampf ein und die Affen flohen vor lauter Angst.
	I	Mogli wurde von seinen erleichterten Freunden begrüßt, die beide blutende Wunden hatten.
	T	Dann sprang Baghira zwischen die Affen und schlug mit seinen Tatzen um sich.
	S	Mogli bedankte sich bei seinen Freunden und der Schlange.
13.	N	Baghira trug den schlafenden Jungen zurück zur Wolfshöhle.

Trage die Buchstaben in die Kästchen ein.
So ergibt sich ein Lösungssatz.

1	2	2

3	4	5	5	4	5

6	7	8	9	10	11

9	4	12	4	13

.

Name:

lesen **schreiben** rätseln malen/basteln **sprechen** singen

Meisterworte

Wie lauten die Meisterworte? Schreibe sie auf.

Lies auf Seite 24 nach.

Suche in den Kapiteln 4 und 5 weitere Stellen, an denen die Meisterworte vorkommen. Schreibe das Kapitel und die Seite auf.

Kapitel ☐, Seite ☐

Kapitel ☐, Seite ☐

Kapitel ☐, Seite ☐

Kapitel ☐, Seite ☐

Finde Meisterworte für dein Leben. Sprich mit deinem Partner.

In der Familie:

In der Schule:

In der Freizeit:

Name:

Mein Dschungelbild

Gestalte die Figuren in der Punkttechnik.

Name:

lesen **schreiben** rätseln malen/basteln sprechen singen

Die rote Blume

Lies die Inhaltsangabe des sechsten Kapitels. Streiche die 12 Wörter oder Wortgruppen durch, die nicht passen.

Mogli wächst im Menschendorf zu einem furchtlosen und starken Jungen heran, der auch vor Shir Khan keine Angst hat. Er fühlt sich im Wolfsrudel und bei seinen Feinden sicher. Baghira weist Mogli darauf hin, dass er bald nicht mehr unter Akelas Schutz stehen werde, da dieser zu alt sei, um das Rudel weiter zu führen. Shir Khan erzählt den jungen Affen, dass Mogli nicht zu ihnen gehört. Die jungen Wölfe hassen Balu, weil er ein Mensch ist. Baghira schlägt Mogli vor, die schwarze Kohle – das Feuer – aus dem Menschendorf zu holen. Vor der roten Blume haben alle Tiere Angst. In der Nacht schleicht Mogli zur Stadt und stiehlt einem Jungen den Wassereimer. Die Wölfe suchen schon nach ihm, da Akela keine Beute geholt hat. Beim abendlichen Treffen der Wölfe in der Kalten Stadt ist Shir Khan dabei. Mogli will verhindern, dass der Tiger im Rat spricht. Dabei kommt es zum Streit zwischen den Wölfen. Sie wollen Mogli zurück zu den Affen schicken. Der Tiger aber fordert Mogli als seine Beute. Deshalb wirft Mogli den Feuertopf in die Luft und die Wölfe bekommen Angst. Bevor er zu den Menschen aufbricht, schwört Mogli dem Tiger Rache. Er werde erst zurückkommen, wenn er seinen Körper um die Schultern tragen kann. Mogli fordert die Vögel auf, Akela frei leben zu lassen. Dann verlässt er schweren Herzens den Dschungel.

Ersetze die falschen Angaben durch passende Wörter.

Schreibe die verbesserte Inhaltsangabe in dein Heft.

Sagen, rufen, sprechen, flüstern …

Du hast die Gespräche zwischen Mogli, Baghira, Akela, Shir Khan und den Wölfen gelesen.

Schreibe die verschiedenen Verben, die einen Redebegleitsatz einleiten, auf (14 Verben). Du findest sie auf den Seiten 41 und 42 sowie 44 bis 48.

Welche Verben kommen mehrmals vor? Kreise sie ein.
Warum tauchen sie öfter auf? Schreibe auf.

Überlege dir ein Gespräch zwischen Mogli und Balu, bevor Mogli ins Menschendorf geht. Schreibe es mit Redebegleitsätzen in dein Heft.

Tipp: Weitere Verben zum Wortfeld „sagen“ findest du auf den Seiten 22 bis 24.

Verteilt die Rollen von Mogli, Balu und dem Erzähler. Lest zu dritt das Gespräch vor.

Name:

lesen schreiben **rätseln** malen/basteln sprechen singen

Im Dorf der Menschen

Kreuze die richtigen Sätze an.

- ☐ Am nächsten Morgen machte sich Mogli auf den Weg zu den Menschen. **(N)**
- ☐ Die Menschen erschienen den Dschungelbewohnern als rätselhafte Wesen. **(E)**
- ☐ Nach vielen Stunden erreichte er ein unbekanntes Dorf. **(H)**
- ☐ Mindestens zehn Menschen standen um ihn herum und gafften ihn an. **(D)**
- ☐ Der Bürgermeister vermutete, dass Mogli bei den Wölfen aufgewachsen war. **(E)**
- ☐ Die Menschen bemerkten, dass Mogli dem Sohn Messuas ähnelte, den der Tiger geholt hatte. **(C)**
- ☐ Messua erkannte in Moglis Gesicht keine Ähnlichkeit. **(R)**
- ☐ Messua nahm den Jungen mit und gab ihm ein Zuhause. **(S)**
- ☐ Mogli sah in der Hütte viele merkwürdige Gegenstände. **(N)**
- ☐ Er reagierte sofort auf den Namen Nathu. **(I)**
- ☐ Mogli wollte schnell die Menschensprache lernen und sprach Messua alle Wörter nach. **(E)**
- ☐ Mogli schlief in der ersten Nacht draußen im Gras. **(M)**

- ☐ In den folgenden drei Monaten lernte Mogli die Sitten und Gebräuche der Menschen. **(E)**
- ☐ Kleidung zu tragen war ihm unangenehm. **(H)**
- ☐ Den Umgang mit Geld begriff er schnell. **(A)**
- ☐ Mogli wunderte sich, warum sich die Menschen mit dem Pflanzen so plagten. **(C)**
- ☐ Er war mit allem einverstanden, was die Menschen so machten. **(O)**
- ☐ Mogli bekam die Aufgabe, die Büffelherde zu hüten. **(A)**
- ☐ Er freute sich nicht über diese Arbeit. **(B)**
- ☐ Bei den Tieren fühlte sich Mogli wohler als bei den Menschen. **(R)**
- ☐ Schnell wurde er zum Oberhirten und ritt auf Ramas Rücken. **(P)**
- ☐ Mogli war allein für die Büffel zuständig. **(S)**

Schreibe die Buchstaben der richtigen Sätze aus dem ersten und dann aus dem zweiten Abschnitt jeweils von unten nach oben auf. So erhältst du ein Lösungswort.

1. Abschnitt:

1	2	3	4	5	6	7	8

2. Abschnitt:

1	2	3	4	5	6	7

Das Leben im Dorf

Bei den Menschen sieht und erlebt Mogli viele neue Dinge.

Finde elf Gegenstände und Tätigkeiten, denen Mogli im Dorf zum ersten Mal begegnet. Kreise sie ein.

Denke daran: Die Geschichte spielt vor über hundert Jahren.

Affensprache Kochtopf Menschensprache Smartphone

Bettgestell Spiegel Elektroherd

Traktor Tongefäß Computer Götterbild Rasierapparat

in einem Bett schlafen Kleidung tragen schwimmen

mit Geld umgehen säen jagen unter einem Dach wohnen

Mogli möchte all das Neue mit seinen Freunden teilen. Was könnte er Balu und Baghira von den rätselhaften Wesen erzählen?

Schreibe eine Nachricht von Mogli an seine Freunde, die er dem Geier Tschil mitgibt.

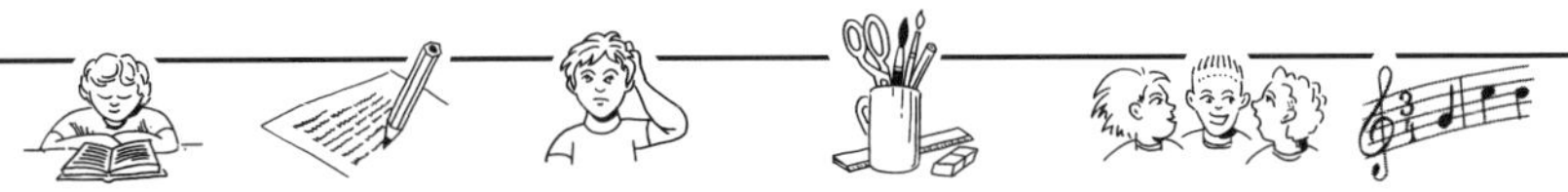

Name:

lesen | schreiben | rätseln | malen/basteln | sprechen | singen

Tiger! Tiger!

Schreibe die Purzelwörter richtig auf. Du findest sie im achten Kapitel. Trage jeweils den ganzen Satz in dein Heft ein. Wenn das Wort mehrfach vorkommt, schreibe nur den ersten Satz auf.

g M
e n
r e mm u g
r d n o ä

n sch
au b e
n e d n

ch e
A b u n
r n g

ei
r G
e

sch e
m ck ü
n

au r
e ei b
Z

r t
P s e
ie r

m l a
s
d ie

Was bedeuten die Sätze? Sprecht darüber.

Name:

lesen schreiben rätseln malen/basteln **sprechen** singen

Moglis Siegeslied

Lies den Text aus „Das Dschungelbuch“ von Rudyard Kipling.

Ich, Mogli, singe mein Lied des lauschenden Dschungels von meinen Taten – Shir Khan sagte, er wollte ihn töten, den Frosch, im Zwielicht des Morgens werde er Mogli töten! Er aß und trank.

Trinke tief, Shir Khan, denn wann wirst du wieder trinken? Schlafe und träume von Mord. Allein bin ich auf grünen Gründen. Graubruder, komm her, auch du, Einsiedlerwolf, denn hier ist herrliche Beute. Treibe die Büffeltiere, die blau schimmernden Leitstiere mit den bösen Augen. Hetze sie hin und her nach meinem Willen.

Schläfst du noch, Shir Khan? So wach doch auf! Hier komme ich und hinter mir Rama, der König der Büffel. Er stampft den Boden. Wasser des Wainganga, wohin ging Shir Khan? (...)

Oh, da ist er! Aha! Da liegt er unter den Füßen Ramas, der Lahme!

Auf! Shir Khan, auf! Und töte, hier ist Beute! Brich den Nacken der Stiere!

Leise, leise! Er schläft! Nur nicht wecken, nur nicht wecken den Gewaltigen, denn seine Kraft ist groß! (...)

Bei dem Stier, der mein Kaufpreis war, ich habe einen Schwur getan, einen kleinen Schwur! Nur noch deinen Pelz brauche ich, Shir Khan, um mein Wort zu erfüllen! (...)

Hilf reißen, Graubruder! Hilf ziehen, Akela! Schwer ist das Fell des gewaltigen Shir Khan. (...)

Ihr Wasser des Wainganga! Der Menschen Rudel stieß mich aus. Ich tat ihnen kein Leid, und dennoch fürchten sie mich. Sagt mir, warum? Du Rudel meines Volkes ... Du Rudel der Wölfe ... auch ihr habt mich ausgestoßen. Der Dschungel ist mir verschlossen und der Menschen Hütten auch! Sagt mir, warum? (...)

Heißa! Ich tanze auf dem blutigen Fell Shir Khans! Doch mein Herz ist so schwer! Sie trafen mich mit den Steinen vom Weg: Es blutet mein Mund. Doch jubelt mein Herz: denn zurück bin ich im Dschungel. (...)

Markiere unbekannte Wörter mit Bleistift. Sprecht über ihre Bedeutung.

Beantworte die folgenden Fragen. Diskutiert in der Klasse darüber.

1. Warum lautet die Überschrift „Moglis Siegeslied“?
2. Mit wem spricht Mogli in seinem Lied? Unterstreiche: mit Shir Khan = rot, mit dem Fluss Wainganga = blau, mit den Wölfen = grün.
3. Wann ist Shir Khan noch am Leben und wann ist er tot? Erkläre mit Zeilenangabe.

Name:

lesen **schreiben** rätseln **malen/basteln** **sprechen** singen

Mit den Augen eines Malers

Betrachte das Bild „Urwaldlandschaft mit untergehender Sonne“. Was siehst du? Beschreibe mit eigenen Worten.

Passt das Bild zum achten Kapitel? Begründe deine Meinung.

Mische mit Gelb und Blau möglichst viele Grüntöne. Male die Blätter damit aus. Male die Kalte Stadt im Hintergrund rot an.

Wieder zu Hause

✂

Kurz vor Tagesbeginn kehrte Mogli … 1	… mit den zwei Wölfen in die Höhle zurück.	Mogli rief der Wolfsmutter zu … 2	… dass die Menschen ihn auch aus ihrem Rudel verstoßen hatten.
Als Mutter Wolf das Tigerfell sah … 3	… leuchteten ihre Augen.	Baghira kam aus dem Dschungel gelaufen und … 4	… schmiegte sich an Moglis Beine.
Nachdem sich alle begrüßt hatten … 5	… gingen sie gemeinsam zum Ratsfelsen.	Dort breitete Mogli … 6	… das Tigerfell aus.
Akela legte sich darauf … 7	… und rief die Wölfe zusammen.	Obwohl die Wölfe keinen Anführer mehr hatten … 8	… folgten sie aus alter Gewohnheit Akelas Ruf.
Ein Wolf mit zerzaustem Fell rief … 9	… dass Akela wieder ihr Anführer sein solle.	Baghira vermutete, dass die Wölfe ihre Meinung ändern würden … 10	… sobald sie nicht mehr hungrig wären.
Verstoßen von Menschen und Wölfen … 11	… wollte Mogli von nun an allein jagen.	Von diesem Tag an lebte Mogli … 12	… mit seinen Freunden und Brüdern im Dschungel.

Name:

lesen schreiben rätseln malen/basteln sprechen singen

Wolfskinder

Rudyard Kipling hat sich Moglis Geschichte ausgedacht und Manfred Mai hat sie für dich neu aufgeschrieben.

Woran erkennst du, dass die Geschichte erfunden ist? Beantworte die Frage in vollständigen Sätzen. Begründe genau.

Lies den Zeitungsartikel über das Affenmädchen.

Affenmädchen in Indien aufgefunden

Achtjährige wurde im Nationalpark ausgesetzt

Neu-Delhi

Im Norden des asiatischen Landes entdeckten Polizisten in einem Nationalpark ein Mädchen. Es ist ungefähr acht Jahre alt und lebte anscheinend bei einer Affenherde. Als die Polizisten das Mädchen mitnahmen, wurde ihr Auto von den Affen attackiert. Das Mädchen konnte nicht sprechen und war nackt. Es lief auf allen vieren umher. Es wurde in ein nahe gelegenes Krankenhaus gebracht. Dort stellten die Ärzte eine geistige und körperliche Behinderung fest. Die Behörden gehen davon aus, dass das Mädchen erst vor Kurzem ausgesetzt worden war. Mädchen sind in Indien weniger wert als Jungen und behinderte Menschen werden oft aus der Gesellschaft ausgeschlossen. Vermutlich hatten die Eltern ihr Kind deshalb allein im Nationalpark zurückgelassen.

Du bist ein Reporter, der das indische Dorf besucht hat, in dem Mogli aufgetaucht ist. Schreibe einen Zeitungsartikel über das Wolfskind Mogli in dein Heft.

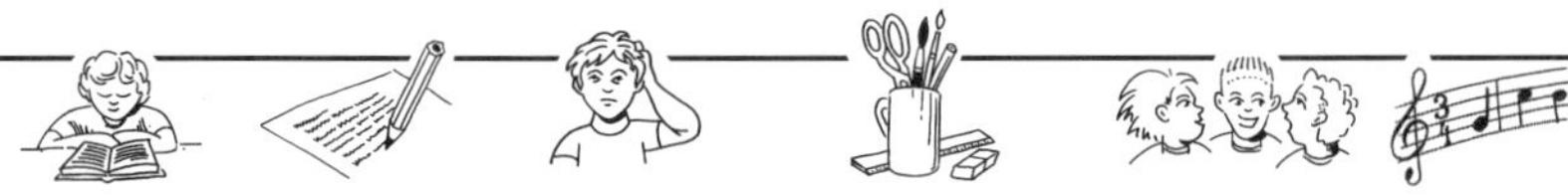

Name:

lesen* schreiben **rätseln** malen/basteln **sprechen** singen

Dschungelbuch-Quiz

✂

Wie alt ist Mogli, als er von den Wölfen aufgenommen wird?

Er ist ein Kleinkind, ungefähr ein Jahr alt.

Wer verspricht dem Wolfsrudel einen fetten Ochsen, wenn es Mogli behält?

Der Panther Baghira.

Balu ist ein …

… Braunbär.

Das siebte Kapitel hat die Überschrift:

„Im Dorf der Menschen“.

Welches Kapitel trägt die Überschrift: „Mogli lernt fleißig“?

Das dritte Kapitel.

Die Affenbande bringt Mogli in …

… die Kalte Stadt.

Was ist die rote Blume?

Das Feuer.

Wer sind Moglis Freunde?

Balu, Baghira, die Wolfsfamilie, Akela.

Wie lange lebt Mogli bei den Menschen?

Mogli lebt ungefähr drei Monate im Menschendorf.

Erkennt Messua in Mogli ihren Sohn wieder?

Messua erkennt Ähnlichkeiten, ist sich aber nicht sicher.

Welchen Namen gibt Messua Mogli?

Messua nennt den Jungen Nathu.

Wer hilft Mogli, den Tiger Shir Khan zu töten?

Die Büffelherde, Akela und Grauer Bruder.